AF507410

Die Reihe »Geschichte, Theorie & Kritik« ist eine Sammlung von Texten zum Studium der Geschichte und Philosophie, der Natur-, Wirtschafts- und Sozialwissenschaften, insbesondere aber der marxistischen Theorie.

Wie in den anderen Reihen wurde auch hier auf der Grundlage der letzten uns zugänglichen Ausgaben gearbeitet. Quellenangaben erfolgen, soweit möglich, nach Werkausgaben und Sammelbänden.

Redaktionelle Anmerkungen früherer Auflagen wurden unter Angabe der Quelle übernommen. Fußnoten stammen, sofern nicht anders angegeben, vom Autor. Spätere Überarbeitungen des Originaltextes durch den Autor wurden, soweit bekannt, von der Redaktion berücksichtigt. Diese wurden stillschweigend übernommen, sodass der vorliegende Text so weit wie möglich der vom Autor beabsichtigten Endfassung entspricht. Rechtschreibung und Zeichensetzung wurden an die Rechtschreibreform 2006 angepasst, der Textinhalt blieb unverändert. Die Zitierweise ist APA 7, Text in eckigen Klammern entspringt der Redaktion. Die Daten in Russland bis zum 14. Februar 1918 sind nach dem julianischen Kalender (alter Kalender) angegeben. In Klammern folgt das entsprechende Datum nach dem gregorianischen Kalender (neuer Kalender).

Die in den Texten dieser Schriftenreihe zum Ausdruck gebrachten Meinungen müssen nicht notwendigerweise mit denen der Redaktion übereinstimmen. Wir bitten die Leser:in stets um eine sachliche und differenzierte Auseinandersetzung mit dem Text.

Einige Bände enthalten ein Register und ein Glossar.

Wir wünschen viel Spaß beim Lesen.   DIE REDAKTION

Abbildung 1: *Jewgeni Tarle.*

WARUM KÄMPFT DIE SOWJETUNION FÜR DEN FRIEDEN?

Jewgeni Tarle

Fortschrittsverlag
»Geschichte, Theorie & Kritik«
kontakt@fortschrittsverlag.de
https://fortschrittsverlag.de

Berlin, 2024
Druck: IngramSpark
2. Auflage

ISBN: 978–3–911323–02–4

Nach: Tarle, J. (1952). *Warum kämpft die Sowjetunion für den Frieden?* Sowjetischer Informationsdienst.

Vorliegender Band: Tarle, J. (2024). *Warum kämpft die Sowjetunion für den Frieden?* (2. Aufl.). Fortschrittsverlag. (Original veröffentlicht 1952)

INHALT

WARUM KÄMPFT DIE SOWJETUNION FÜR DEN FRIEDEN?

VORWORT (2024)

AM 24. JUNI 1941 WURDE AUF BESCHLUSS DES RATES DER Volkskommissare und des Zentralkomitees der Kommunistischen Partei der Sowjetunion (Bolschewiki) das Sowjetische Informationsbüro (kurz: »Sowinform«) gegründet. Das Büro spielte eine zentrale Rolle bei der Berichterstattung über internationale Ereignisse, den Kriegsverlauf und nationale Ereignisse in Presse und Rundfunk. Zwischen dem 14. Oktober 1941 und dem 3. März 1942 befand sich sein Sitz in der Stadt Kuibyschew (RSFSR). Seine Hauptaufgabe bestand darin, für Presse und Rundfunk zusammenfassende Berichte über die Lage an der Front, die Aktivitäten in der Heimat und den Partisanenkrieg zu erstellen. Darüber hinaus übernahm das Sowinform die Leitung verschiedener antifaschistischer Organisationen, darunter das Allslawische Komitee, die Antifaschistischen Komitees der sowjetischen Frauen, der Jugend, der Wissenschaftler und das Jüdische Antifaschistische Komitee. 1944 wurde innerhalb des Sowinformbüros eine eigene Abteilung für Auslandspropaganda eingerichtet. Das Sowinform verbreitete Informationen über den Widerstand der Sowjetunion gegen den Faschismus und später über wichtige Aspekte der sowjetischen Innen- und Außenpolitik. Dies geschah über eine breite Medienlandschaft, darunter mehr als 1.171 Zeitungen, 523 Zeitschriften und 18 Radiosendern in 23 Ländern, sowie über die sowjetischen Botschaften und verschiedene Freundschafts-, Gewerkschafts-, Wissenschafts-, Frauen- und Jugendorganisationen (RIA Novosti, 2021). 1961 wurde auf Erlass des ZK der KPdSU das Sowinform in die Nachrichtenagentur RIA Novosti umgewandelt. Vor dem Hintergrund des Jahres 1945 nahm das Sowinformbüro eine allgemeinere aufklärende Rolle ein: Es begann, ein breites Spektrum an fremdsprachigem Material zu veröffentlichen, das nicht nur Einblicke in den Alltag der Sowjetunion bot, sondern auch Argumente für Frieden, Abrüstung und internationale Verständigung—die Eckpfeiler des Sozialismus—lieferte. Diese Bemühungen setzten sich bis in die 1950er Jahre fort. Die Initiative umfasste eine Fülle an Fakten über das städtische und ländliche Leben in der Sowjetunion, aber sie ging darüber hinaus: Sie bot Material, das als Fundament für Diskussionen über die Prinzipien des Sozialismus diente—eine Ressource für jene, die sich für die Sache des Friedens starkmachten. Im 21. Jahrhundert, empfinden wir es als unsere Pflicht, das vom Sowinformbüro gesammelte Wissen Stück für Stück zu revitalisieren und für eine neue Generation zugänglich zu machen. Unser Ziel ist es, dieses Material nicht nur zu bewahren, sondern es so aufzubereiten, dass es modernen Standards entspricht. Ob es um die sowjetische Politik in den Bereichen Innenpolitik, Umwelt, Industrie, Landwirtschaft, Außenbeziehungen oder um ihre historische Errungenschaften und die Herausforderungen des sozialistischen Aufbaus geht—wir streben danach, dieses Erbe zu einem lebendigen Werkzeug für das Selbststudium, die wissenschaftliche Forschung und das tägliche Gespräch unter Freund:innen und Kolleg:innen zu machen. Das Material soll eine Brücke bauen für alle, die Sympathie für die Sowjetunion hegen, das erste sozialistische Land in der Menschheitsgeschichte. Es ist gedacht als Inspirationsquelle, als Grundlage für Fragen und Antworten und als Anstoß, aus einer kritischen Perspektive neu über bestimmte Themen nachzudenken. In einer Zeit, in der die Vergangenheit oft allzu leicht vergessen—oder auch absichtlich verdrängt und verfälscht—wird, sehen wir es als unsere Verantwortung an, dieses Erbe nicht nur zu bewahren, sondern es so lebendig und zugänglich wie möglich zu gestalten. *Wir danken unserem österreichischen Genossen für die tatkräftige Unterstützung in diesem Projekt. Ohne sein Engagement wäre diese gesamte Sammlung nicht möglich gewesen.*

* * *

In diesem Sinne präsentieren wir euch die Broschüre von Jewgeni Tarle, welche sich kritisch mit der antikommunistischen Propaganda westlicher bürgerlicher, reaktionärer Politiker und der sie unterstützenden, ebenso reaktionären Presse, auseinandersetzt. Im Anhang finden sich Lenins Dekret über den Frieden, wie auch der gewohnte Apparat. Im vorliegenden Band stammen alle (nicht anders markierten) Anmerkungen von uns, weshalb wir auf den üblichen Vermerk »Die Red.« verzichtet haben.

* * *

Der aus Kiew stammende ukrainisch-jüdische sowjetische Historiker Jewgeni Tarle wurde am 27. Oktober [8. November] 1874 geboren und war Mitglied der Akademie der Wissenschaften der UdSSR. Der mehrfache Stalinpreisträger, Ehrendoktor der Universität Oslo, der Sorbonne, der Universitäten Brno (Brünn), Prag und Algier sowie korrespondierendes Mitglied der British Academy und vollwertiges Mitglied der Norwegischen Akademie der Wissenschaften und der American Academy of Political and Social Science erlangte durch seine historischen Forschungen internationales Ansehen und gilt als einer der bedeutendsten Historiker der Sowjetunion und der Welt. Er verbrachte seine Jugend in Cherson, zog später nach Odesa und war 1903–1917 Privatdozent an der Universität St. Petersburg (ab 1914: Petrograd), ab 1918 Professor der Universität Moskaus. Seit 1921 korrespondierendes Mitglied der Russischen Akademie der Wissenschaften, wurde er 1927 Vollmitglied. 1941 wurde er Professor für Geschichte an der Universität Kasan, 1942 erhielt er den Stalin-Preis. Tarle wurde durch seine Bücher über Napoleons Russlandfeldzug 1812, den Krimkrieg (1853–1856) und zahlreiche andere Werke bekannt. Er war Mitbegründer des staatlichen Moskauer Instituts für Internationale Beziehungen und gab 1948 zusammen mit I.I. Minz, A.M. Pankratowa, W.P. Potjomkin & W.M. Chwostow (prominenten sowjetischen Historiker:innen und Diplomaten) die dreibändige »Geschichte der Diplomatie« heraus, von der jedoch nur Band 2 und 3 ins Deutsche übersetzt wurden (Chwostow et al., 1948a, 1948b, 1948c). Tarle war auch einer der führenden Köpfe der sowjetischen Friedensbewegung. Seine akademische Laufbahn war von Schwierigkeiten und Erfolgen geprägt: Er wurde mehrmals verhaftet, unter anderem 1905 wegen seiner Beteiligung an Studentenprotesten. Trotzdem schaffte er es Professor an den Universitäten von St. Petersburg und Moskau zu werden. Tarle reiste zwischen 1903–1914 jährlich nach Frankreich und forschte in den Bibliotheken und Archiven Westeuropas, insbesondere in den Archives Nationales in Frankreich. Er kontaktierte viele Historiker:innen und hielt 1913 auf dem Weltkongress der Historischen Studien in London einen Vortrag. Tarle veröffentlichte eine beeindruckende Anzahl von 211 Werken vor der Revolution. Gegen Ende seines Lebens wuchs die gesamte Anzahl der von ihm veröffentlichten Schriften auf wahrscheinlich 1.000, die genaue Zahl konnte nie ermittelt werden. Er verstarb am 5. Januar 1955 und fand seine letzte Ruhe auf dem Nowodewitschi-Friedhof [Neujungfrauenfriedhof] in Moskau. Sein Erbe umfasst ein beeindruckendes literarisches Werk, das Hunderte von Monographien, Artikeln und anderen Schriften beinhaltet. Sein leidenschaftlicher Einsatz für Frieden und Sozialismus darf jedoch nicht in Vergessenheit geraten. Wenn man von Tarle spricht, reicht es nicht aus, ihn nur als Akademiker zu sehen, sondern man muss ihn als einen Kämpfer anerkennen, der sein Leben dem Kampf gegen die internationale Reaktion widmete, der sich mutig in die Brennpunkte der internationalen Debatte begab und der trotz einiger kurzer Phasen des ideologischen Verfalls den richtigen Weg wiederfand. Nach seinem Tod wurde sein Vermächtnis fortgesetzt. Seit 1991 verleiht die Russische Akademie der Wissenschaften den Tarle-Preis für herausragende Arbeiten zur Weltgeschichte und zur Entwicklung der internationalen Beziehungen. DIE REDAKTION

VORWORT (1952)

D ER WELTBERÜHMTE SOWJETISCHE HISTORIKER, MIT-glied der Akademie der Wissenschaften der UdSSR, Sta-linpreisträger[1] Professor Jewgeni *Tarle*, bekannt durch sein in viele Weltsprachen übersetztes grundlegendes Werk über Napoleon Bonaparte und zahlreiche andere wissenschaftliche Arbeiten, zugleich einer der führenden Vorkämpfer der sowjetischen Friedensbewegung, skizziert in dieser Schrift die seit 35 Jahren unveränderte Linie der sowjetischen Außenpolitik und deren Motive.   SOWJETISCHES INFORMATIONSBÜRO[2]

JEWGENI TARLE

WARUM KÄMPFT DIE SOWJETUNION FÜR DEN FRIEDEN?

DER KAMPF FÜR DEN FRIEDEN IST DIE GRUNDLAGE DER SOWJETISCHEN AUSSENPOLITIK

Macht man sich mit der gegen die Sowjetunion geführten Propaganda bekannt, so ist man meistens verwundert und fragt sich unwillkürlich: Für wen ist diese Propaganda bestimmt? Wen versucht man zu überzeugen, dass es einen »roten Imperialismus«[3] auf der Welt gebe, dass die UdSSR nach Eroberung fremder Territorien, nach Aggression strebe?[4] Wohl jene, die dazu verurteilt sind, nur die antisowjetische Presse zu lesen, die sowjetfeindlichen Radiosendungen zu hören, und denen man die Wahrheit über die Sowjetunion verschweigt.

Die einen dritten Weltkrieg emsig vorbereitenden Imperialisten sowie die von ihnen gekauften Propagandisten sind sich selbstverständlich dessen bewusst, dass sie nicht im Geringsten auf einen Erfolg ihrer antisowjetischen Verleumdungen rechnen könnten, wenn sich die Völker darüber klar wären, wohin man sie treibt und zu welchem Zweck und Ziel und mit welchen phantastischen, verlogenen Winkelzügen dies geschieht.

Es ist interessant und charakteristisch, dass das »rote Schreckgespenst«[5] nun schon seit 35 Jahren zum eisernen

Bestand des Arsenals[1] dieser Herren gehört. Allerdings, der Gerechtigkeit halber sei gesagt, dass die antisowjetischen Verleumdungen in den Ländern der Alliierten während des Zweiten Weltkrieges wesentlich eingeschränkt waren.[2] Doch erklärt sich dies daraus, dass es in jener Zeit, als das Sowjetvolk durch sein unvergleichliches Heldentum und zahllose Opfer die Weltzivilisation vor der hitlerfaschistischen Barbarei rettete, einfach »unpraktisch« gewesen wäre, Goebbels bei seiner antisowjetischen Propaganda auch noch zu helfen.

Zu Zeiten Clemenceaus, Wilsons und Lloyd Georges, während der Versailler Konferenz—versuchte man da den europäischen Spießbürger nicht ebenso mit der »bolschewistischen Gefahr« zu schrecken, wie man das heute tut? Die ältere Generation erinnert sich noch gut jenes »berühmten« Plakats, das einen zerlumpten Menschen, ein Scheusal mit einem Messer zwischen den Zähnen, zeigte. »L'homme à couteau [Der Mann mit dem Pfahl]« nannte man ihn in Frankreich. Dieses Plakat, mit dem alle Hauswände und Planken Europas beklebt waren, sollte einen »Bolschewiken« darstellen, der auf dem Sprung steht, über die westlichen Länder herzufallen.

Unter dem Deckmantel dieser gewissenlosen Propaganda organisierten und vollführten die Versailler »Friedensstifter« ihre blutige Intervention gegen die Völker Russlands, die das Joch der kapitalistischen Sklaverei abgeworfen hatten und mit dem Aufbau eines neuen Lebens begannen, das keine Unterjochung und keine Ausbeutung des Menschen durch

---

1   Ironische Wortwahl in Bedacht auf die spätere Wendung »Eiserner Vorhang«.

2   In Anlehnung an die bekannte amerikanische Nationalallegorie »Uncle Sam« ging man sogar so weit, dass Stalin persönlich während des Großen Vaterländischen Krieges der Sowjetunion von Franklin D. Roosevelt als »Uncle Joe« bezeichnet wurde.

den Menschen kennt, eines Lebens voll Glück und Wohlstand für alle einfachen Menschen, alle Menschen der Arbeit.

Und unter dem Deckmantel dieser Propaganda planten und organisierten die Drahtzieher der Versailler Politik die Aufteilung und Ausplünderung Russlands, hetzten sie die kleinen Nachbarstaaten gegen den jungen Sowjetstaat, finanzierten und bewaffneten sie die konterrevolutionären zaristischen Generäle und Henker des Volkes und schmiedeten allerlei Bündnisse für einen »Kreuzzug« gegen die Sozialistische Sowjetrepublik.

Natürlich sprachen sie damals ebenso laut wie heute von der Verteidigung der Freiheit und der Demokratie, von den Menschenrechten und vom Frieden. Und doch streckte der eine seine gierigen Krallen nach dem kaukasischen Erdöl aus und träumten andere von der Kolonisierung der Ukraine oder waren auf den Holzreichtum des russischen Nordens erpicht.

Was aber haben in der gleichen Zeit die durch die Oktoberrevolution befreiten Völker getan? Welche Losungen schrieb die soeben durch den Willen des Volkes geschaffene Sowjetmacht auf ihre Banner? Welche Innen- und Außenpolitik wurde von ihr verwirklicht?

Die Sowjetmacht proklamierte im Augenblick ihres Entstehens das Prinzip der vollen *Gleichberechtigung aller Völker* und begann sofort, es in ihrer praktischen Politik zu verwirklichen. Dieses Prinzip ist zur Grundlage der Innen- und der Außenpolitik des sozialistischen Staates geworden.

Völker von verschiedener Sprache, verschiedenen Sitten und Gebräuchen, verschiedener Geschichte vereinigten sich unter dem Banner der Sowjets zu einem staatlichen Ganzen. Die Sowjetmacht gab ihnen Einrichtungen, die die Freiheit und Unabhängigkeit aller nationalen Gruppen unabhängig von ihrer Bevölkerungszahl gewährleisteten, und sie gab ihnen zugleich damit das Recht der unmittelbaren Anteilnahme an der gesamtstaatlichen Gesetzgebung und an der Verwaltung des gesamten Staates.

Das Prinzip der vollkommenen Gleichberechtigung aller Völker bestimmt auch die Außenpolitik der Sowjetunion, weil die Außenpolitik eines jeden Staates von seiner Innenpolitik nicht getrennt werden kann. Einer der ersten Schritte der Sowjetmacht nach der Oktoberrevolution war der freiwillige Verzicht auf alle Privilegien und Vorteile, welche das zaristische Russland auf Grund ungleicher Verträge genoss, die vor der Revolution mit Persien, China und anderen Staaten abgeschlossen worden waren, und die Ersetzung alter Abkommen durch neue, auf dem Prinzip der vollkommenen Gleichberechtigung beruhende Vereinbarungen.

Schon am Tag nach der Revolution, am 26. Oktober [8. November] 1917, veröffentlichte die Sowjetregierung das von *Lenin* (1917/1972) entworfene und unterzeichnete, an die Völker aller kriegführenden Länder gerichtete *Dekret über den Frieden*.[3] Dieses Dekret rief zur sofortigen Einstellung des imperialistischen Gemetzels auf, erklärte jeden imperialistischen Eroberungskrieg zum allergrößten Verbrechen gegen die Menschheit und forderte zum Abschluss eines demokratischen Friedens auf. Die erste sozialistische Macht in der Geschichte bewies unverzüglich, dass ihre Worte mit ihren Taten übereinstimmen und dass Eroberungskriege schon der Natur eines sozialistischen Staates fremd sind. Denn eine Macht, die sich die vollkommene und allseitige Befreiung des eigenen Volkes zum Hauptziel gesetzt hat, kann nicht an die Versklavung und Ausplünderung anderer Völker denken.

Womit aber haben die Regierenden beider imperialistischer Koalitionen diesen edlen Appell beantwortet? Mit Intervention, Hungerblockade, einem »cordon sanitaire [Pufferzone]«[6] und einer Flut schmutziger Verleumdungen

---

3   Siehe Anhang.

an die Adresse der Sowjetrepublik.

Doch die Sowjetmacht, die an zahlreichen Fronten alle ihr Land angreifenden Feinde zurückwies und zerschlug, wurde nicht müde, für den Frieden einzutreten. Es genügt wohl der Hinweis, dass sich das Sowjetland in der Zeit vom 5. August 1918 bis zum Dezember 1919, also im Laufe von 15 Monaten, elfmal mit Friedensvorschlägen an die kapitalistischen Länder gewandt hat. Aber alle diese Vorschläge wurden abgelehnt.

Im Dezember 1919 nahm der VII. Allrussische Sowjetkongress (damals das höchste Machtorgan im Staate) auf *Lenins* Vorschlag einstimmig eine Resolution an, in der es hieß:

> »Die Russische Sozialistische Föderative Sowjetrepublik wünscht mit allen Völkern in Frieden zu leben und ihre ganze Kraft auf den inneren Aufbau zu richten, um die Produktion, das Verkehrswesen und die öffentliche Verwaltung auf der Grundlage der Sowjetordnung in Gang zu bringen, woran sie bis jetzt durch die Einmischung der Entente und die Hungerblockade gehindert wurde« (Lenin, 1919/1961, S.178).

Mit diesen Worten wurde nicht nur das ureigene Wesen der Außenpolitik des Sowjetstaates—*das Streben nach einem friedlichen Zusammenleben mit allen anderen Ländern*—definiert, sondern auch das wichtigste und unabdingbare Motiv dieses Friedensstrebens nachgewiesen, nämlich der Wunsch, *alle Kräfte des Sowjetstaates für den inneren Aufbau* einzusetzen.

Aber auch dieser Appell wurde von den kapitalistischen Regierungen nicht gehört. Die Intervention wurde fortgesetzt und ebenso die Unterstützung der konterrevolu-

tionären Kräfte durch die Imperialisten, die diplomatischen
Intrigen und die Aufhetzung der Nachbarstaaten gegen das
Sowjetland.

Das Sowjetvolk hat alle diese Prüfungen ehrenvoll
bestanden. Die Interventen wurden geschlagen und aus dem
sowjetischen Gebiet verjagt. Aber auch in der Folgezeit hat
die junge Sowjetrepublik unermüdlich für die Festigung des
Friedens gekämpft. Auf der *Konferenz von Genua* im Jahre
1922—der ersten internationalen Konferenz, an der sowjetische Delegierte teilnahmen—brachten die Vertreter Sow-
jetrusslands vor allem die Frage des Friedens und die Frage
des friedlichen Nebeneinanderbestehens des alten kapitalistischen Systems und des entstehenden neuen sozialistischen
Systems auf die Tagesordnung.

> »Die russische Delegation«, sagte der sowjetische
> Vertreter, »beabsichtigt im weiteren Verlauf der
> Arbeiten der Konferenz die *allgemeine Abrüstung*
> vorzuschlagen und alle Vorschläge zu unterstützen,
> die eine Erleichterung der Last des Militarismus
> zum Ziele haben, und zwar unter der Voraussetzung
> der Einschränkung der Armeen aller Staaten und
> der Ergänzung der Kriegsartikel durch das vollstän-
> dige Verbot der barbarischsten Formen des Krieges,
> nämlich der Giftgase, des Luftkampfes und anderer
> Formen, besonders aber die Anwendung von Zer-
> störungsmitteln, die gegen die friedliche Zivilbevöl-
> kerung gerichtet sind.«

In den folgenden Jahren traten die Vertreter der
UdSSR im Völkerbund mehrmals mit Vorschlägen auf allge-
meine Abrüstung und Schaffung eines *Systems der kollektiven
Sicherheit* in Erscheinung. Im Jahre 1927 proklamierte die
Delegation der Sowjetunion in der vorbereitenden Abrüs-

tungskommission des Völkerbundes ihre historische *Deklaration über die Notwendigkeit der Durchführung der vollständigen Abrüstung*. Die sowjetische Delegation schlug vor, alle Land-, See- und Luftstreitkräfte aufzulassen, alle Waffen- und Munitionsvorräte zu vernichten, die Einberufungen zum Militärdienst einzustellen, die allgemeine Militärdienstpflicht aufzuheben, die Rüstungsbetriebe zu schließen, die Bewilligung von Geldmitteln für militärische Zwecke einzustellen usw.

Was hätte radikaler den Frieden sichern können als dieses sowjetische Abrüstungsprogramm?

Aber auf alle Abrüstungsvorschläge der Sowjetunion antworteten die kapitalistischen Mächte mit verstärkter Aufrüstung.

Nach der Machtergreifung der Hitlerfaschisten in Deutschland wuchs die Kriegsgefahr beängstigend an. Die deutschen und die italienischen Faschisten sowie die japanischen Militaristen begannen mit direkten Aggressionsakten gegen eine Reihe von Ländern (siehe *die Annexion der* Mandschurei durch Japan in den Jahren 1931 bis 1932, den Krieg Italiens gegen Abessinien im Jahre 1935, die deutsch-italienische Intervention in Spanien, den gewaltsamen Anschluss Österreichs an Hitlerdeutschland im Jahre 1938 und die hitlerfaschistische Okkupation der Tschechoslowakei). Die japanischen Militaristen führten auch gegen die Sowjetunion Aggressionsakte durch (am Chasansee im Jahre 1938 und im Jahre 1939 bei Chalchin-Gol), erlebten aber eine gehörige Abfuhr.

Sowohl im Völkerbund als auch auf zahlreichen internationalen Konferenzen forderte die Sowjetunion unermüdlich die Durchführung wirksamer *Maßnahmen gegen die Aggressoren*. Die Sowjetunion bekämpfte entschlossen die sogenannte »Nichteinmischungspolitik« sowie die »Politik der Beschwichtigung«[7] des den Krieg vorbereitenden Faschismus, die beide von den Regierenden der USA, Englands und Frankreichs betrieben wurden. Die Sowjetunion hat bereits im Jahre 1933 die von ihr ausgearbeitete klassische *Definition der Aggression* im Völkerbund eingebracht, die von einer Reihe Staaten angenommen und in besonderen, von vielen Staaten unterzeichneten Protokollen verankert wurde.

DIE IMPERIALISTISCHEN VERSCHWÖRER VERRECHNETEN SICH

DIE REGIERENDEN DER USA, ENGLANDS UND FRANK-reichs blieben der warnenden Stimme der Sowjetunion gegenüber taub. Sie setzten ihre Politik der Begönnerung des Aggressors fort, deren Höhepunkt 1938 das Münchener Abkommen[8] Englands und Frankreichs mit Hitler und Mussolini war, ein Abkommen, das von den USA inspiriert und gefördert worden war.

Was lag dieser kurzsichtigen Politik zugrunde? Das Bestreben, Hitlers Kriegsmaschine gegen den Osten zu lenken und zu versuchen, mit Hilfe der hitlerfaschistischen Horden das zu erreichen, was den Interventen in den Jahren 1918 bis 1920 nicht gelungen war: dem Kapitalismus in Russland wieder in den Sattel zu helfen und das Sowjetvolk zu unterjochen.

Die imperialistischen Verschwörer hofften weiter, dass ein Krieg gegen die UdSSR zugleich auch die Kräfte des deutschen Imperialismus selbst untergraben würde, der für sie wieder zu einem allzu gefährlichen Konkurrenten auf dem Weltmarkt geworden war.

Am 23. Juni 1941, am Tag nach dem Überfall der hitlerfaschistischen Horden auf die UdSSR, erklärte der damalige Senator und nachmalige Präsident der USA, Harry

Truman: »If we see that Germany is winning the war, we ought to help Russia; and if that Russia is winning, we ought to help Germany, and in that way let them kill as many as possible [Wenn wir sehen, dass Deutschland den Krieg gewinnt, sollten wir Russland helfen; und wenn Russland gewinnt, sollten wir Deutschland helfen, und sie auf diese Weise so viele wie möglich töten lassen]« (vgl. Phillips, 2018). Kurze Zeit später, im September 1941, war der englische Minister Moore-Brabazon so unvorsichtig, in Gesellschaft von Freunden seinen Herzenswunsch zu eröffnen, dass nämlich das »verbündete« Russland ebenso vernichtend geschlagen werde wie das »feindliche« Deutschland.

Alle diese heimtückischen Pläne gingen nicht in Erfüllung. Die Sowjetunion wurde vor der Welt zum Hauptsieger und die Sowjetarmee erwies sich als die wichtigste, entscheidende Kraft, die der unüberwindlich scheinenden hitlerfaschistischen Kriegsmaschine den Garaus machte. Nicht nur Hitler hatte sich gründlich verrechnet, sondern auch einige Alliierte der Sowjetunion während des Krieges.

Inmitten all der tiefen Veränderungen, die der Zweite Weltkrieg für die Menschheit mit sich brachte, blieb allein der Friedenswille der Sowjetunion unerschütterlich bestehen, der in ihrer Politik in Erscheinung trat und nach wie vor in Erscheinung tritt.

Wir wenden uns nicht nur an unsere Freunde, nicht nur an jene, die mit Hoffnung und Vertrauen auf die Sowjetunion als der mächtigen, dem sozialen Fortschritt und der sozialen Gerechtigkeit in der Welt dienenden Kraft blicken, sondern einfach an alle Menschen, die einigermaßen die Geschichte kennen und geneigt sind, die entsprechenden Lehren aus ihr zu ziehen, und fragen sie, ob ihnen folgende unbestreitbare Tatsachen bekannt sind:

Es tobt ein an Grausamkeit unerhörter Krieg Deutschlands und seiner Satelliten gegen die antihitlerfa-

schistische Koalition,[9] in der die Streitkräfte der Sowjetunion die wichtigste (und, wie sich später zeigt, entscheidende) Rolle spielen. Der vertierte Feind verheert, plündert und
vernichtet die allerreichsten, fruchtbarsten und am meisten
industrialisierten Teile der Sowjetunion; doch wird der Sowjetunion keinerlei Hilfe erwiesen, die ihre Lage wenigstens
einigermaßen erleichtern könnte. Die »Zweite Front« wird
zu einer Lüge, zu einer bewussten Mystifikation. Die »Ver-
bündeten« führen überall Krieg, nur nicht dort, wo dies dem
russischen Volk tatsächlich helfen könnte. Und erst, nachdem dem bestialischen Feind das Rückgrat gebrochen ist, erscheint verspätet die »Zweite Front«.

Keiner der Alliierten hat so schwer unter den hitlerfaschistischen Horden zu leiden gehabt wie die Sowjetunion[4]
und keiner von ihnen hat gegenüber dem besiegten Deutschland einen so gerechten demokratischen Standpunkt bezogen wie die Sowjetunion. Möge der Faschismus für immer
verschwinden, das zukünftige freie, demokratische Deutschland aber leben, denn »die Hitler kommen und gehen, aber
das deutsche Volk, der deutsche Staat bleibt«, erklärte *Stalin*
(1942/1979, S.266) bereits im Jahre 1942. Dieser weise Aus-
spruch bildet die Grundlage der gesamten Nachkriegspolitik
der UdSSR in der deutschen Frage. Ausschließlich die Sowjetunion führt vom Tage des Sieges an bis zum heutigen Tage
einen unermüdlichen Kampf für ein einheitliches, friedlie-
bendes, unabhängiges, demokratisches Deutschland.[5]

Warum? Weil ein *solches* Deutschland ein *verläss-
liches Unterpfand des Friedens in Europa* und in der ganzen
Welt darstellen würde und weil der *Frieden das Hauptziel*
der gesamten Außenpolitik des sozialistischen Sowjetstaates

---

4   Es sind 24 Millionen sowjetische Bürger im Großen Va-
      terländischen Krieg gestorben.
5   Man sehe hierzu auch Molotow (1947, 1948, 1954).

ist; weil das Sowjetvolk jedem Volk der Welt eine friedliche demokratische Entwicklung wünscht; weil die Politik des sozialistischen Staates sich nicht von Rachegefühlen gegenüber irgendeinem Volk leiten lässt; weil die *Politik der Zusammenarbeit und der Freundschaft* zwischen den Völkern—den großen und den kleinen—sowie das Gefühl der brüderlichen Solidarität der Werktätigen zu den unerschütterlichen Grundlagen der sozialistischen Weltanschauung und demgemäß zu den Grundlagen der Politik des sozialistischen Sowjetstaates gehören.

Das Sowjetvolk und seine Armee haben durch ihren heroischen Kampf die Völker Europas—und—darunter auch das deutsche Volk selber—von der Schande und dem Schrecken des hitlerfaschistischen Joches befreit. Eine Reihe europäischer Staaten hat den Weg der Freundschaft mit seinem Retter eingeschlagen und enge Bündnisse mit ihm geschlossen. Die UdSSR arbeitet mit diesen Staaten in wirtschaftlicher und kultureller Beziehung zusammen und hat mit ihnen bereits eine Reihe von *Handelsverträgen und Wirtschaftsabkommen* abgeschlossen. Diese Abkommen und Verträge stellen nach oftmaligen einmütigen Erklärungen aller Partner Musterbeispiele gegenseitiger Verpflichtungen auf der Grundlage strengster Gleichberechtigung sowohl in politischer als auch in wirtschaftlicher Hinsicht dar.

Es muss wohl nicht erst gesagt werden, dass dieser Wesenszug auch alle Abkommen der Sowjetunion mit der großen Chinesischen Volksrepublik, mit der die UdSSR ein brüderliches Bündnis geschlossen hat, und ebenso alle Abkommen der Sowjetunion mit ihren übrigen asiatischen Nachbarstaaten auszeichnet.

WEM NÜTZT DER KRIEG?

SOWEIT DIE TATSACHEN. WER NUN BEHAUPTET, DASS EIN Staat, der so unwiderlegliche Beweise seines Eintretens für das Prinzip der unbedingten Gleichberechtigung der Völker geliefert hat, an eine Aggression zur Unterjochung irgendeines Landes oder Volkes denke, der tut dies nur zum Zweck böswilliger, verleumderischer, auf Leichtgläubigkeit und Unwissenheit spekulierender Propaganda.

Warum aber wird die Sowjetunion auch heute, aller historischen Erfahrung von dreieinhalb Jahrzehnten, allen Tatsachen zum Trotz, so wie in den ersten Tagen des Bestehens des sozialistischen Staates, lügnerisch der Aggressivität beschuldigt?

Warum wird diese verbrecherische Kampagne, ebenso wie damals, unter denselben scheinheiligen Losungen der »Verteidigung der Freiheit und der Demokratie« und der »Menschenrechte« usw. betrieben?

Die Antwort ist einfach: Heute wie damals stellt diese Lügenflut jenen Dunstvorhang dar, hinter dem die imperialistischen Mächte Eroberungskriege vorbereitet haben und neue Eroberungskriege zur Unterwerfung anderer Länder und Völker vorbereiten, und zwar in erster Linie des Sowjetlandes und jener Staaten, die das Joch der kapitalistischen Unterdrückung und Ausbeutung für immer abgeschüttelt haben.

In der Tat, was könnte der Sowjetunion ein Eroberungskrieg nützen? Zu welchem Zwecke könnte die Sowjetunion kriegerische Konflikte suchen oder vorbereiten? Wo, mit wem und aus welchem Grund?

Wenn die Juristen des alten Rom den Täter eines Verbrechens suchten, ließen sie sich von folgender Regel leiten: »Fecit, cui prodest [Wem es nützt, der hat es getan]«, der Nutznießer ist der Verbrecher.

Versuchen wir einmal, diese weise Regel auf unsere Zeit anzuwenden, und untersuchen wir einmal, wem der Krieg nützt.

Hier die Antwort der offiziellen Statistik auf diese Frage: In den fünf Jahren des Zweiten Weltkrieges haben die amerikanischen Monopole 107 Milliarden Dollar Profite eingesteckt. Das ist dreimal so viel wie die Summe des Grundkapitals der gesamten verarbeitenden Industrie der USA im Jahre 1940.

Aber der Krieg ging schließlich doch zu Ende und die Kriegskonjunktur klang allmählich, aber unvermeidlich ab. Die amerikanischen Kapitalisten sahen sich vor die Perspektive eines Rückganges, einer Depression, einer Krise der Wirtschaft und einer Verminderung ihrer märchenhaften Kriegsprofite gestellt.

Wie nun diese Gefahr abwenden? Ein Rettungsanker war schnell gefunden. Der Zweite Weltkrieg wurde vom sogenannten »Kalten Krieg«[10] abgelöst und da zog man auch gleich den während des Krieges sorgsam verborgen gehaltenen Mythos vom »roten Imperialismus« aus der Mottenkiste. Siehe da, auch das brachte gute Geschäfte: In den fünf Jahren von 1946 bis 1950 erzielten die amerikanischen Monopole Profite in der Höhe von 158 Milliarden Dollar. Eine so »prächtige Konjunktur« musste festgehalten und ausgebaut werden: Der amerikanische Imperialismus begann seinen Aggressionskrieg gegen das koreanische Volk.[11]

Es muss wohl nicht erst hinzugefügt werden, dass diese Aggression, die unaufhörlich angefachte Kriegshysterie, die für die Vorbereitung eines neuen Krieges aufgewendeten riesigen Summen, das Wettrüsten—dass sich all dies als ein wahrer Goldregen in die Safes der Morgan und Mellon, der Dupont de Nemour[12] und Rockefeller ergießt. Allein während der Kriegshandlungen in Korea haben die amerikanischen Monopole 90 Milliarden Dollar Profite eingeheimst. Und nicht von ungefähr hat »Nation‹s Business«[13]—das Blatt der Handelskammer der USA—konstatiert: »Die Psychologie des Krieges—das ist die stärkste Unterstützung der Unternehmertätigkeit.«

Doch in der Sowjetunion gibt es keine Duponts und Morgans, keine Klasse von ausbeuterischen Kapitalisten, für die ein Krieg die Quelle ihres Wohlstandes sein könnte. Diese Klasse ist im Sowjetstaat durch die Große Oktoberrevolution für immer vom Schauplatz der Geschichte gefegt worden. Und es gibt in der Sowjetunion nicht nur keine Klassen und Gruppen, sondern auch keinen einzelnen Menschen, der aus einem Krieg Nutzen ziehen könnte. In der Sowjetunion besteht nicht die geringste Notwendigkeit, die »Unternehmertätigkeit« durch eine »Psychologie des Krieges« zu unterstützen. Die Tätigkeit des viele Millionen Menschen umfassenden Sowjetvolkes wird nicht durch die Jagd nach Profit angespornt. Sie ist nicht auf die Vorbereitung von Zerstörungen, sondern auf gewaltige Aufbauleistungen gerichtet. Das Sowjetland ist in den 35 Jahren seines Bestehens, allen Störungen von außen zum Trotz, um ein ganzes Jahrhundert vorwärtsgeschritten. Das Sowjetvolk ist ein bauendes Volk, ein Volk von Bauleuten. Von seinem großen Ziel, der Errichtung des Kommunismus in seinem Lande, beseelt, widmet es sich mit allen Kräften der Erfüllung der großartigen Aufgaben der Umgestaltung des gesamten Lebens im Namen des Menschen und zum Wohl des Menschen. Kann so ein Volk an eine Aggression, an einen Eroberungskrieg auch nur denken?

Noch niemals war ein Eroberungskrieg notwendig und noch niemals und nirgends war er einem *Volk* vonnöten. Die Sowjetmenschen sind zutiefst davon überzeugt, dass auch das amerikanische, das englische, das französische und jedes andere Volk aggressive Eroberungskriege hassen. Kann denn ein Zweifel daran bestehen, dass solche Kriege in jedem beliebigen Land einfach unmöglich wären, wenn die Entscheidung über die Frage, ob ein aggressiver, ein Eroberungskrieg geführt werden soll—wie zum Beispiel der Vernichtungskrieg, der vom amerikanischen Imperialismus derzeit in Korea geführt wird—, vom Willen und von der Entscheidung des Volkes abhinge? Die Völker brauchen solche Kriege durchaus nicht! Kein Volk der Welt würde sterben oder andere töten wollen, damit ein Häuflein Kapitalisten, das es auf die Schlachtbank treibt, noch reicher wird.

Die sowjetische Gesellschaftsordnung und die sowjetische Staatsordnung aber schließen die Möglichkeit aus, dass irgendwelche wichtigen Fragen—vor allem die Frage, ob Krieg oder Frieden—ohne das Volk oder gegen seinen Willen entschieden werden. *In der Sowjetunion ist die Macht das Volk und das Volk die Macht.* Wie kann man sich überhaupt vorstellen, dass eine solche Macht und ein solches Volk sich irgendwelche aggressive Ziele stellen können?

Es gibt jedoch Staaten, die sich die Eroberung der Weltherrschaft zum Ziel setzen und eben deswegen früher oder später auf einen für sie verhängnisvollen Widerstand stoßen. Heute gehören vor allem die USA zu diesem Typus von Staaten—demselben Typus, zu dem auch Napoleons Imperium gehörte. Es ist kein Zufall, dass der amerikanische Staatssekretär Dean Acheson auf der 6. Generalversammlung der UNO[14] mit solcher Sympathie von ihm sprach und

Napoleons kontinentale Blockade[15] respektvoll erwähnte. Mister Acheson erscheint eine wirtschaftliche Blockade im napoleonischen Stil eine überaus ernstzunehmende Waffe der Aggression zu sein und er denkt nicht nur laut—»ob man sie nicht gegen die Sowjetunion und die volksdemokratischen Länder[16] zu deren wirtschaftlicher Erdrosselung anwenden könnte«—, *sondern* versucht überaus aktiv, seine Pläne in die Tat umzusetzen. Aber selbst im imperialistischen Lager zweifeln viele daran, dass diese aus Napoleons Arsenal entlehnte und dem amerikanischen Minister so liebe Waffe im gegebenen Fall die gewünschten Resultate zeitigen würde. Diese Zweifel sind gerechtfertigt. Einen Staat, der ein Sechstel der Erdoberfläche der Welt umfasst, über eigene, außerordentlich reiche Bodenschätze verfügt und mit Ländern, die dem amerikanischen Aggressionsblock weder im Westen noch im Osten angehören, wirtschaftlich aufs engste zusammenarbeitet, durch eine Wirtschaftsblockade zu »erdrosseln«, ist eine unerfüllbare Aufgabe. Man kann ruhig sagen, dass dieser Plan der Aggressoren schon im Augenblick seines Entstehens Schiffbruch erlitten hat…

MAN ERKENNT DIE DINGE, INDEM MAN SIE VERGLEICHT

Die Gegner der Sowjetunion müssten einmal folgende Frage beantworten: Kann man annehmen, dass ein Staat, der einen Krieg vorbereitet, in einem solchen Maße gewaltige materielle Mittel und Arbeitskräfte für den friedlichen Aufbau, für die Bewässerung unermesslicher Territorien, für die Umwandlung wasserloser Wüsten in fruchtbares Ackerland und Weideflächen aufwendet? Würde ein solcher Staat—und dabei in einem außerordentlich kurzen Zeitraum—fünfmal hintereinander die Preise auf Lebensmittel, Kleider, Schuhe und alle anderen Artikel des Massenbedarfes senken? Würde er so umfangreiche Mittel für den kulturellen Aufbau bewilligen, so rasch, ununterbrochen und großzügig die Aufwendungen für die Eröffnung neuer Hoch- und Mittelschulen erhöhen und die Mittel für die Errichtung von zwanzig bis dreißig Stock hohen, großartigen Gebäuden bereitstellen wie beispielsweise für die nahezu vollendete neue Moskauer Universität?

Eine alte philosophische Regel lautet: »Man erkennt die Dinge, indem man sie vergleicht.«[17] Also fragen wir uns: Wurden in den USA nach dem Kriege viele neue Universitätsgebäude errichtet bzw. bedeutende Mittel für das Unterrichtswesen aufgewendet? Wurden in den USA große Summen für die kulturellen Bedürfnisse der Bevölkerung ausgegeben? Die Tatsachen antworten: Alle kulturellen Bedürfnisse der Bevölkerung der USA wurden nach dem Zweiten Weltkrieg der Vorbereitung eines dritten Weltkrieges zum Opfer gebracht. Dutzende, ja hunderte Milliarden Dollar, die den Arbeitern, Farmern, Lehrern und kleinen Kaufleuten, mit einem Wort, den werktätigen Menschen, dem kleinen Steuerzahler abgenommen wurden, werden in das Wettrüsten, für den verbrecherischen Krieg gegen das koreanische Volk, für die Vorbereitung eines dritten Weltkrieges vergeudet.

Es ist wohl gestattet, den Vergleich noch zu vertiefen. Die USA haben weder am Ersten noch am Zweiten Weltkrieg auch nur im Entferntesten so schwer zu leiden gehabt wie die Sowjetunion. Nicht eine einzige Bombe ist auf amerikanisches Territorium gefallen, kein einziger feindlicher Soldat hat amerikanischen Boden betreten. Das faschistische Deutschland hatte sich unverhohlen das Ziel gesteckt, das Territorium der UdSSR restlos zu erobern, deren Völker zu unterwerfen und sie erbarmungslos auszurotten. Unter der Führung eines Guderian, der heute in den Diensten des amerikanischen Kriegsministeriums steht, verwüsteten, brandschatzten und vernichteten Hitlers Räuberhorden viele tausende Städte und Dörfer der Sowjetunion.

Aber die Sowjetunion hat die ihr von den faschistischen Raubtieren geschlagenen Wunden längst wieder geheilt und der *Lebensstandard* ihres Volkes hat in ständigem Anstieg das Lebensniveau der Vorkriegszeit schon weit überholt. Doch in den USA, deren Territorium keinen einzigen Schaden erlitt, wo es also auch nichts gutzumachen gab, ist der Lebensstandard weit unter das Vorkriegsniveau gefallen und fällt weiterhin von Tag zu Tag. Warum? Weil die Sowjetunion eine Friedenspolitik betreibt, während die die USA beherrschenden Monopole fortfahren, die Kriegshysterie zu schüren und—unausgesetzt von einer durch die Sowjetunion drohenden »Gefahr« faselnd—im Namen der Aufrüstung nicht nur ihre eigenen Mitbürger, sondern auch die Bürger jener Länder ruinieren, die durch ihre Regierungen vor den Karren des amerikanischen Imperialismus gespannt worden sind.

Die *Industrieproduktion der UdSSR* war im Jahre 1951 insgesamt doppelt so hoch wie im letzten Vorkriegsjahr 1940 und sie wird nicht aufhören, von Jahr zu Jahr weiter zu wachsen. 1951 beispielsweise erzeugte die Industrie der Sowjetunion um 15 Prozent mehr als im Jahre 1950.

Von der sowjetischen *Landwirtschaft* ist zu sagen, dass die Getreideernte der UdSSR Jahr für Jahr sieben Milliarden Pud [115 Millionen Tonnen] übersteigt. Auch die Baumwollernte steigt in einem geradezu gigantischen Ausmaß: die UdSSR produziert heute mehr Baumwolle als Indien, Pakistan und Ägypten zusammengenommen.

Für die gewaltige schöpferische Arbeit des Sowjetvolkes zeugt der Bau der *größten Wasserbauwerke der Welt* an der Wolga, am Don, am Dnjepr und am Amu-Darja. Dass diese Bauten in ihrem Ausmaß in der ganzen kapitalistischen Welt nicht ihresgleichen finden und dass sie in unerhört kurzer Zeit ausgeführt werden, das erkennen sogar die Feinde der Sowjetunion an, wenn auch ungerne, in ihrer technischen und allgemeinen Presse. Allein die neuen, großartigen Wasserkraftwerke werden in kurzer Zeit jährlich 22,5 Milliarden Kilowattstunden liefern, das heißt, nahezu ebenso viel wie die Jahresproduktion Italiens an Elektroenergie. Nach vorsichtigsten Berechnungen wird allein der Zuwachs an bewässerter Bodenfläche, für den die neuen Wasserwerke das nötige Wasser liefern werden, schon in allerkürzester Zeit drei Millionen Tonnen Rohbaumwolle hervorbringen; das ist mehr als ein Drittel der durchschnittlichen Jahresproduktion der USA an Baumwolle! Diese Bautätigkeit wird dem Sowjetvolk weite Gebiete erschließen, die eben noch wasserlose Wüsten waren! Und die obengenannten drei Millionen Tonnen Rohbaumwolle sind nur ein kleiner Zuwachs zu jener kolossalen Menge Baumwolle, die seit mehreren Jahren regelmäßig in der UdSSR geerntet wird.

Das sind die Bahnen, in denen sich die Tätigkeit des Sowjetvolkes entfaltet! Nützt ihm dabei oder, besser gesagt, verträgt sich überhaupt damit eine »Psychologie des Krieges«, die, wie »Nation‹s Business« feststellt, die einzige Rettung für die Monopolisten der USA bedeutet? Wem wäre nicht klar, dass nur der Frieden—ein langer, dauerhafter Frieden—die erste und unerlässliche Voraussetzung für die Erfüllung all jener großen Aufgaben ist, die sich das Sowjetvolk und sein Staat gestellt haben?

Man braucht sich bloß einmal die Frage vorzulegen, aus welchen Gründen Kriege in unserer Zeit angestiftet und geführt werden, um sich sofort über die ganze Unsinnigkeit der von den Aggressoren betriebenen antisowjetischen Verleumdungskampagne im Klaren zu sein.

Braucht die UdSSR eine Erweiterung ihres Staatsgebietes? Der Sowjetstaat beherrscht *ein Sechstel der Festlandfläche* unseres Planeten. Im Sowjetland werden großzügige Arbeiten durchgeführt, die die Nutzfläche des Landes von Jahr zu Jahr in bedeutendem Maße vergrößern. Und durch diese schöpferische Umgestaltung der Natur, nicht aber durch Eroberung fremden Bodens, erarbeitet sich das Sowjetvolk immer neue Schätze.

Wir wissen, dass die habgierige Jagd nach Rohstoffen und Absatzmärkten Anlass zu erbitterter Gegnerschaft zwischen den kapitalistischen Mächten ist und nicht selten die Ursache blutiger Kriege war.

Wie ist es nun in der Sowjetunion mit den *Rohstoffen* bestellt? Die unermesslichen Schätze, die in der Zeit der Zarenherrschaft ungenützt im Schoß der Erde lagen, wurden in den Jahren der Sowjetmacht erforscht und in den Dienst des Volkes gestellt und die riesigen neuen Wasserbauten werden ebenso wie die gesamte übrige Bautätigkeit in der Sowjetunion diesen unerschöpflichen Nationalreichtum noch vermehren.

Könnte es nicht sein, dass es der Sowjetunion zwar nicht an Rohstoffen, aber an *Absatzmärkten* mangelt? Vielleicht muss sie fremden Boden erobern, um ihrer Industrie und der Landwirtschaft einen günstigen Absatz ihrer Textilien, Maschinen und Lebensmittel zu verschaffen.

Aber im Sowjetland gibt es keine und kann es keine *Überproduktionskrisen* geben. Das sozialistische Wirtschaftssystem und das sozialistische Eigentum an den Produktionsmitteln und Produktionsinstrumenten bilden die wirtschaftliche Grundlage der UdSSR. In der Sowjetunion gibt es keine und kann es keine kapitalistische Konkurrenz, kein Absatzchaos, keine »überschüssige« Bevölkerung, Arbeitslosigkeit oder Krisen geben, weil die gesamte Volkswirtschaft einem einheitlichen staatlichen Plan untersteht. *Die Aufnahmefähigkeit des sowjetischen Binnenmarktes ist faktisch unbeschränkt,* weil der Wohlstand des Volkes, sein Lebensstandard und sein Bedarf von Jahr zu Jahr wachsen. *Dies schließt die Möglichkeit von Wirtschaftskrisen in der UdSSR aus.* Die sozialistische Produktion, die restlos auf die größtmögliche Befriedigung der ständig wachsenden materiellen und kulturellen Bedürfnisse der sowjetischen Bevölkerung gerichtet ist, wächst und vervollkommnet sich ununterbrochen auf der Basis der modernsten Technik und in Übereinstimmung mit den steigenden Bedürfnissen des Sowjetvolkes.

Natürlich betreibt die Sowjetunion auch gerne Außenhandel, doch hat sie es zu diesem Zweck nicht nötig, Absatzmärkte zu erobern. Sie ist bereit, Handel zu treiben, und zwar mit jedem beliebigen Staat auf der Grundlage der gegenseitigen Meistbegünstigung und der Gleichberechtigung beider Seiten.

Wenn man alle diese Tatsachen in Betracht zieht,

müsste eigentlich die sowjetfeindliche Presse, statt so wider-
sinnige, so deutlich den Stempel der Unwahrheit tragende
Beschuldigungen der Sowjetunion in die Welt zu setzen—
nämlich, dass sie eine Aggression vorbereite—, ihre Leser
lieber davon zu »überzeugen« suchen, dass *die Sowjetunion
beabsichtige, ohne jede Notwendigkeit, ohne das geringste Motiv,
ohne auch nur einen Schatten normaler Logik Krieg zu führen!*

DER KRIEG IST DAS GRÖSSTE VERBRECHEN GEGEN DIE MENSCHHEIT

Die mit friedlicher schöpferischer Arbeit beschäftigte Sowjetunion ist heute das mächtigste Bollwerk des Friedens. Die auf der ganzen Welt sich in wahrhaft großartiger Weise entfaltende, hunderte Millionen Menschen umfassende *Friedensbewegung* genießt ihre volle Sympathie und Unterstützung. Getreu den Prinzipien brüderlicher Solidarität mit den Werktätigen eines jeden Landes—unabhängig von ihrer Nationalität oder Hautfarbe—kämpft die Sowjetunion nicht nur im eigenen Interesse, sondern im Interesse aller Völker der Welt für den Frieden. In sicherem, ruhigem Vertrauen auf ihre Kräfte kämpft die Sowjetunion gegen den Krieg, um die Menschheit vor neuen schweren Leiden und die Weltkultur vor der Zerstörung zu bewahren.

Seit fünfunddreißig Jahren wird das Sowjetvolk von seinen Führern *zum Friedenswillen, zur Achtung aller anderen Völker erzogen.* Das siebenjährige sowjetische Kind, das zum ersten Male in die Schule kommt, schreibt das erhabene Wort **»FRIEDEN«**[6] als eines der ersten Wörter auf seine Schiefertafel. Presse und Radio der Sowjetunion, die sich auf die Leh-

---

6   Das Russische Wort »Mir« lässt sich als »Welt« und als »Frieden« gleichermaßen übersetzen.

ren der großen Führer des Sowjetvolkes—Lenin und Stalin—stützen, verbreiten unermüdlich die Ideen des Friedens—und brandmarken das Verbrecherische der Aggression, das Verbrecherische jedes Eroberungskrieges. Alle Prosa, Lyrik und Dramatik der sowjetischen Schriftsteller sind von den Ideen des Friedens durchdrungen. Vom Frieden sprechen auch alle sowjetischen Filme sowie die Maler und die Bildhauer, jeder mit seinen Mitteln, und bringen dieselben Gefühle und Gedanken zum Ausdruck—den Willen zum Frieden.

Mögen doch die Verleumder, die andauernd von der »Aggressivität« der Sowjetunion schwätzen, nur ein einziges sowjetisches Kunstwerk nennen—sei es eine Dichtung, ein Bühnenstück, ein Film, ein Gemälde oder eine Skulptur—, mögen sie nur eine einzige Presseäußerung oder Radiosendung nennen, die die Sowjetmenschen zur Aggression oder zu einem Eroberungskrieg aufgerufen hätte![18]

In der Sowjetunion würde jeder Bürger, der den Krieg propagieren wollte, zum Feind des Vaterlandes erklärt werden. Am 12. März 1951 hat der Oberste Sowjet der UdSSR einstimmig ein *Gesetz zum Schutz des Friedens* beschlossen. Im Text dieses Gesetzes lesen wir:

»Von den hohen Prinzipien der sowjetischen Friedenspolitik geleitet, die sich die Festigung des Friedens und freundschaftlicher Beziehungen zwischen den Völkern zum Ziele setzt, erkennt der Oberste Sowjet der UdSSR, dass das Gewissen und das Rechtsbewusstsein der Völker, die im Laufe des Lebens einer Generation das Unglück zweier Weltkriege erfahren haben, sich nicht damit abfinden können, dass die von den aggressiven Kreisen einiger Staaten geführte Kriegspropaganda straflos bleibt, und solidarisiert sich daher mit dem Aufruf des Zweiten Weltfriedenskongresses, der den Willen der gesamten fortschrittlichen Menschheit in Bezug auf das Verbot und die Verurteilung dieser verbrecherischen Propaganda zum Ausdruck gebracht hat. Der Oberste Sowjet der UdSSR beschließt:

1. *Jedwede Kriegspropaganda, in welcher Form immer sie betrieben wird, untergräbt den Frieden, schafft die Gefahr eines neuen Krieges und ist in Anbetracht dessen eines der schwersten Verbrechen gegen die Menschheit.*

2. *Personen, die sich der Kriegspropaganda schuldig machen, sind vor Gericht zu stellen und als Schwerverbrecher abzuurteilen«* (Verhovnyj Sovet SSSR, 1951/1957).

Dieses Gesetz steht in direkter Verbindung und befindet sich in voller Übereinstimmung mit der gesamten Außenpolitik der Sowjetunion. Vom Standpunkt eines jeden Sowjetmenschen ist ein *Angriffskrieg das gemeinste aller Verbrechen.* Als in der Sowjetunion die Unterschriftensammlung für den *Stockholmer Appell*[19] *des Weltfriedensrates*[20] vor sich ging, jenes Aufrufes, der das Verbot der Atomwaffe und die Erklärung der Regierung jenes Staates, die sie als erste anwenden würde, zum Kriegsverbrecher forderte, da wurde dieses Dokument in der Sowjetunion von 115.275.940 Menschen unterzeichnet. Die Unterschriftensammlung für den *Abschluss eines Friedenspaktes zwischen den fünf Großmächten*[7]—der Sowjetunion, China, den Vereinigten Staaten von Amerika, England und Frankreich—hat ein Jahr später in der Sowjetunion 117.669.320 Unterschriften ergeben. Mit anderen Worten: beide Dokumente wurden von der *gesamten erwachsenen Bevölkerung des Landes unterzeichnet.* Die Idee

---

7   Gemeint ist der Berliner Appell des Weltfriedensrates (1951–1952).

vom friedlichen Nebeneinanderbestehen, von der für beide Seiten nützlichen Zusammenarbeit von Staaten, von denen die einen dem kapitalistischen, die anderen dem sozialistischen Wirtschaftssystem angehören, bildet die Grundlage der sowjetischen Außenpolitik.[21]

Diese Idee wurde von Stalin mehrmals ausgesprochen. In einer Unterredung mit Harold Stassen am 9. April 1947 sagte Stalin: »Der Gedanke von der Zusammenarbeit der beiden Systeme wurde zum ersten Mal von Lenin ausgesprochen. Lenin ist unser Lehrer und wir Sowjetmenschen sind Lenins Schüler« (vgl. 1947/1979, S.108). In diesem Zusammenhang ist die Berufung auf *Lenin* höchst bedeutsam. Denn auch das oben zitierte Gesetz des Sowjetstaates aus dem Jahre 1951, das Personen, die sich der Kriegspropaganda schuldig machen, zu abzuurteilenden Schwerverbrechern erklärt, ist im Wesentlichen eine Bestätigung und Wiederholung der Worte Lenins im Dekret über den Frieden vom Jahre 1917, in dem jeder Aggressionskrieg, jeder Eroberungskrieg als »schwerstes Verbrechen gegen die Menschheit« bezeichnet wird. So wird also auch in unseren Tagen der Kampf für den Frieden fortgesetzt, der vom Begründer des Sowjetstaates buchstäblich am zweiten Tag der Oktoberrevolution begonnen wurde.

Ohne Frieden, ohne Zusammenarbeit der Völker ist ein sozialer und kultureller Fortschritt unmöglich. Das ist die Überzeugung des gesamten Sowjetvolkes und aller denkenden und rechtschaffenen Menschen unserer Zeit.

Aber die Überzeugung allein genügt nicht. Die Aktivität der Massen, Taten sind notwendig. Solange die Völker die Rettung der Menschheit vor den Schrecken eines drohenden neuen Gemetzels nicht in ihre eigenen Hände nehmen, wird diese Gefahr über der Erde schweben.

ZIEHEN WIR DAS FAZIT

W*ARUM ALSO KÄMPFT DIE SOWJETUNION FÜR DEN FRIEDEN?* Ziehen wir das Fazit.

Die Sowjetunion kämpft vor allem deshalb für den Frieden, *weil es unter ihren Bürgern keine Menschen gibt, die an Eroberungskriegen interessiert sind,* nämlich keine Reichen, Ausbeuter oder Monopolisten, die Kriege zur Unterwerfung anderer Völker vorbereiten, um dabei möglichst hohe Profite herauszuschlagen.

Die Sowjetunion kämpft für den Frieden, *weil im Sowjetstaat die politische Macht in den Händen der Werktätigen, in den Händen des Volkes liegt.* Dem Volk sind Eroberungskriege schon allein deshalb verhasst, weil sich alles Unglück eines Krieges über seinem Haupt entlädt.

Die Sowjetunion kämpft für den Frieden, *weil sie ein sozialistischer Staat ist,* in dem der Boden, die Fabriken und alle Produktionsmittel dem Volk gehören. Die Entwicklung der Volkswirtschaft nach einem einheitlichen Plan hat die Überproduktionskrisen und die Arbeitslosigkeit restlos beseitigt und die Entwicklung der Produktion der größtmöglichen Befriedigung der ständig wachsenden Bedürfnisse der Bevölkerung untergeordnet. Sozialismus bedeutet schöpferische Arbeit, freies Schaffen der Volksmassen und sich unausgesetzt entwickelnden friedlichen Aufbau.

Die Sowjetunion kämpft für den Frieden, *weil sie ein Staat sozialistischer Nationen ist.* Nachdem sie sich die Freundschaft zwischen den Nationen errungen und die Wohltaten dieser Freundschaft kennengelernt haben, müssen Volk und Regierung des Sowjetlandes (sowohl auf Grund ihrer Ideologie wie auf Grund ihrer wirtschaftlichen Interessen) nach einer Zusammenarbeit mit allen Völkern streben, was sie auch wirklich tun, und in ihrer Politik die Souveränität und Gleichberechtigung aller Nationen der Welt respektieren.

Die Sowjetunion kämpft für den Frieden, *weil sie sich ihrer gewaltigen materiellen Kraft und der Rechtlichkeit ihrer Sache voll bewusst ist.* Das Sowjetvolk ist davon überzeugt, dass es die Verwirklichung seiner großen Ziele durch friedliche schöpferische Arbeit erreichen wird und dass ein Krieg seine Vorwärtsentwicklung lediglich stören und zweifellos verlangsamen würde.

Dem wütenden Geheul aller Liebhaber von Kriegsabenteuern zum Trotz erbaut die Sowjetunion das kommunistische Leben ihres Volkes.

Nach: Tarle (1952).

ANHANG

W.I. Lenin
REDE ÜBER DEN FRIEDEN, 26. OKTOBER [8. NOVEMBER] 1917[22]

[Einleitung]

DIE FRAGE DES FRIEDENS IST DIE AKTUELLSTE, DIE ALLE bewegende Frage der Gegenwart. Über diese Frage ist viel gesprochen und geschrieben worden, und Sie alle haben sie wahrscheinlich nicht wenig erörtert. Gestatten Sie mir deshalb, die Deklaration zu verlesen, die die von Ihnen gewählte Regierung zu erlassen haben wird.

Dekret über den Frieden

Die Arbeiter- und Bauernregierung, die durch die Revolution vom 24.–25. Oktober [6.–7. November] geschaffen wurde und sich auf die Sowjets der Arbeiter-, Soldaten- und Bauerndeputierten stützt, schlägt allen kriegführenden Völkern und ihren Regierungen vor, sofort Verhandlungen über einen gerechten demokratischen Frieden aufzunehmen.

Ein gerechter oder demokratischer Frieden, wie ihn die überwältigende Mehrheit der durch den Krieg erschöpften, gepeinigten und gemarterten Klassen der Arbeiter und Werktätigen aller kriegführenden Länder ersehnt, ein Frieden, wie ihn die russischen Arbeiter und Bauern nach dem Sturz der Zarenmonarchie auf das entschiedenste und beharrlichste gefordert haben, ein solcher Frieden ist nach der Auffassung der Regierung ein sofortiger Frieden ohne Annexionen (d.h. ohne Aneignung fremder Territorien, ohne ge-

waltsame Angliederung fremder Völkerschaften) und ohne
Kontributionen.

Die Regierung Russlands schlägt allen kriegführenden Völkern vor, unverzüglich einen solchen Frieden zu schließen, wobei sie sich bereit erklärt, sofort, ohne die geringste Verzögerung, bis zur endgültigen Bestätigung aller Bedingungen einen solchen Friedens durch die bevollmächtigten Versammlungen der Volksvertreter aller Länder und aller Nationen, alle entscheidenden Schritte zu unternehmen.

Unter Annexion oder Aneignung fremder Territorien versteht die Regierung, im Einklang mit dem Rechtsbewusstsein der Demokratie im allgemeinen und der werktätigen Klassen im Besonderen, jede Angliederung einer kleinen oder schwachen Völkerschaft an einen großen oder mächtigen Staat, ohne dass diese Völkerschaft ihr Einverständnis und ihren Wunsch unmissverständlich, klar und freiwillig zum Ausdruck gebracht hat, unabhängig davon, wann diese gewaltsame Angliederung erfolgt ist, sowie unabhängig davon, wie entwickelt oder rückständig eine solche mit Gewalt angegliederte oder mit Gewalt innerhalb der Grenzen eines gegebenen Staates festgehaltene Nation ist, und schließlich unabhängig davon, ob diese Nation in Europa oder in fernen, überseeischen Ländern lebt.

Wenn irgendeine Nation mit Gewalt in den Grenzen eines gegebenen Staates festgehalten wird, wenn dieser Nation entgegen ihrem zum Ausdruck gebrachten Wunsch—gleichviel, ob dieser Wunsch in der Presse oder in Volksversammlungen, in Beschlüssen der Parteien oder in Empörungen und Aufständen gegen die nationale Unterdrückung geäußert wurde—das Recht vorenthalten wird, nach vollständiger Zurückziehung der Truppen der annektierenden oder überhaupt der stärkeren Nation in freier Abstimmung über die Formen ihrer staatlichen Existenz ohne den mindesten Zwang selbst zu entscheiden, so ist eine solche Angliederung eine Annexion, d.h. eine Eroberung und Vergewaltigung.

Diesen Krieg fortzusetzen, um die Frage zu entscheiden, wie die starken und reichen Nationen die von ihnen annektierten schwachen Völkerschaften unter sich aufteilen sollen, hält die Regierung für das größte Verbrechen an der Menschheit, und sie verkündet feierlich ihre Entschlossenheit, unverzüglich Friedensbedingungen zu unterzeichnen, die diesem Krieg unter den obengenannten, für ausnahmslos alle Völkerschaften gleich gerechten Voraussetzungen ein Ende machen.

Gleichzeitig erklärt die Regierung, dass sie die obengenannten Friedensbedingungen keineswegs als ultimativ betrachtet, d.h., sie ist bereit, auch jegliche anderen Friedensbedingungen zu erwägen, wobei sie lediglich darauf besteht, dass das Angebot der Friedensbedingungen seitens irgendeines kriegführenden Landes möglichst rasch und mit vollster Klarheit, bei unbedingter Ausschaltung jeder Zweideutigkeit und Geheimhaltung erfolgt.

Die Regierung schafft die Geheimdiplomatie ab, sie erklärt, dass sie ihrerseits fest entschlossen ist, alle Verhandlungen völlig offen vor dem ganzen Volk zu führen, und wird unverzüglich darangehen, alle Geheimverträge zu veröffentlichen, die von der Regierung der Gutsbesitzer und Kapitalisten in der Zeit vom Februar [März] bis zum 25. Oktober [7. November] 1917 bestätigt oder abgeschlossen wurden. Alle Bestimmungen dieser Geheimverträge, soweit sie, wie es zumeist der Fall war, den Zweck hatten, den russischen Gutsbesitzern und Kapitalisten Vorteile und Privilegien zu verschaffen, die Annexionen der Großrussen aufrechtzuerhalten oder zu erweitern, werden von der Regierung bedingungslos und sofort für ungültig erklärt.

Indem sich die Regierung an die Regierungen und Völker aller Länder mit dem Vorschlag wendet, sofort offene Verhandlungen über den Friedensschluss aufzunehmen, gibt sie ihrerseits ihrer Bereitschaft Ausdruck, diese Verhandlungen sowohl schriftlich, telegrafisch[23] als auch auf dem Wege mündlicher Unterhandlungen von Vertretern der verschiedenen Länder oder auf Konferenzen dieser Vertreter zu führen. Um solche Unterhandlungen zu erleichtern, entsendet die Regierung ihren bevollmächtigten Vertreter in die neutralen Länder.

Die Regierung schlägt allen Regierungen und Völkern aller kriegführenden Länder vor, sofort einen Waffenstillstand abzuschließen, wobei sie es ihrerseits für wünschenswert hält, dass dieser Waffenstillstand auf mindestens 3 Monate abgeschlossen werde, d.h. für eine Frist, die völlig ausreicht sowohl für den Abschluss von Friedensverhandlungen unter der Teilnahme von ausnahmslos allen Völkerschaften oder Nationen, die in den Krieg hineingezogen oder hineingezwungen wurden, als auch für die Einberufung bevollmächtigter Versammlungen der Volksvertreter aller Länder zur endgültigen Bestätigung der Friedensbedingungen.

Die Provisorische Arbeiter- und Bauernregierung Russlands, die dieses Friedensangebot an die Regierungen und an die Völker aller kriegführenden Länder richtet, wendet sich gleichzeitig insbesondere an die klassenbewussten Arbeiter der drei fortgeschrittensten Nationen der Menschheit und der größten am gegenwärtigen Krieg beteiligten Staaten: Englands, Frankreichs und Deutschlands. Die Arbeiter dieser Länder haben der Sache des Fortschritts und des Sozialismus die größten Dienste erwiesen—in den großen Vorbildern der Chartistenbewegung[24] in England, in den Revolutionen von weltgeschichtlicher Bedeutung, die das französische Proletariat vollbracht hat und schließlich im heroischen Kampf gegen das Sozialistengesetz sowie in der für die Arbeiter der ganzen Welt mustergültigen langwierigen und beharrlichen disziplinierten Arbeit zur Schaffung proletarischer Massenorganisationen in Deutschland. Alle diese

Vorbilder proletarischen Heldentums und geschichtlicher Schöpferkraft sind für uns eine Bürgschaft, dass die Arbeiter der genannten Länder die ihnen jetzt gestellte Aufgabe, die Menschheit von den Schrecken des Krieges und seinen Folgen zu befreien, erkennen werden, dass diese Arbeiter uns durch ihre allseitige, entschiedene, rückhaltlos energische Tätigkeit helfen werden, die Sache des Friedens und zugleich damit die Sache der Befreiung der werktätigen und ausgebeuteten Volksmassen von jeder Sklaverei und jeder Ausbeutung erfolgreich zu Ende zu führen.

Die Arbeiter- und Bauernregierung, die durch die Revolution vom 24.–25. Oktober [6.–7. November] geschaffen wurde und sich auf die Sowjets der Arbeiter-, Soldaten- und Bauerndeputierten stützt, muss sofort Friedensverhandlungen einleiten. Unser Aufruf muss sowohl an die Regierungen als auch an die Völker gerichtet werden. Wir können die Regierungen nicht ignorieren, denn das würde die Möglichkeit des Friedensschlusses hinauszögern; das aber darf eine Volksregierung nicht zulassen. Wir haben jedoch nicht das geringste Recht, uns nicht auch zugleich an die Völker zu wenden. Überall bestehen Gegensätze zwischen Regierungen und Völkern, und deshalb müssen wir den Völkern helfen, in die Fragen des Krieges und des Friedens einzugreifen. Wir werden natürlich unser ganzes Programm eines Friedens ohne Annexionen und Kontributionen in jeder Weise verteidigen. Wir werden nicht davon abgehen, aber wir müssen unseren Feinden die Möglichkeit nehmen, zu sagen, dass ihre Bedingungen andere seien und es deshalb zwecklos sei, mit uns in Verhandlungen zu treten. Nein, wir müssen ihnen diesen Trumpf aus den Händen schlagen und dürfen unsere Bedingungen nicht ultimativ stellen. Deshalb haben wir auch den Satz mit aufgenommen, dass wir jegliche Friedensbedingungen, alle Vorschläge erwägen werden. Erwägen heißt noch nicht annehmen. Wir werden sie der Konstituierenden Versammlung zur Beratung vorlegen, die nun schon definitiv zu entscheiden haben wird, worin man nachgeben kann und worin nicht. Wir kämpfen gegen den Betrug der Regierungen, die alle die Worte Frieden und Gerechtigkeit im Munde führen, in der Tat aber räuberische Eroberungskriege führen. Keine einzige Regierung spricht alles aus, was sie denkt. Wir aber sind gegen die Geheimdiplomatie und werden offen vor dem ganzen Volk handeln. Wir schließen und schlossen niemals die Augen vor Schwierigkeiten. Der Krieg kann nicht durch die Weigerung, Krieg zu führen, beendet werden, der Krieg kann nicht durch eine der Seiten allein beendet werden. Wir schlagen einen Waffenstillstand auf drei Monate vor, lehnen aber auch eine kürzere Frist nicht ab, damit die erschöpfte Armee wenigstens für einige Zeit frei aufatmen kann, und außerdem müssen in allen Kulturländern die Volksvertretungen einberufen werden, um über die Bedingungen zu beraten.

Mit dem Vorschlag, unverzüglich einen Waffenstillstand zu schließen, wenden wir uns zugleich an die klassenbewussten Arbeiter jener Länder, die für die Entwicklung der proletarischen Bewegung viel getan haben. Wir wenden uns an die Arbeiter Englands, wo es die Chartistenbewegung gegeben hat, an die Arbeiter Frankreichs, die wiederholt in Aufständen die ganze Stärke ihres Klassenbewusstseins bewiesen haben, und an die Arbeiter Deutschlands, die den Kampf gegen das Sozialistengesetz bestanden und mächtige Organisationen geschaffen haben.

In dem Manifest vom 1. [14.] März[25] riefen wir dazu auf, die Bankiers zu stürzen, stürzten aber selber unsere eigenen nicht, sondern schlossen sogar ein Bündnis mit ihnen.[1] Jetzt haben wir die Regierung der Bankiers gestürzt.

---

1   Lenin bezieht sich hier kritisch auf die Menschewiki und Sozialrevolutionäre, welche in den Sowjets eine versöhn-

Die Regierungen und die Bourgeoisie werden alles daransetzen, um sich zu vereinen und die Arbeiter- und Bauernrevolution in Blut zu ersticken. Aber drei Kriegsjahre haben die Massen genügend belehrt. Wir sehen eine Sowjetbewegung in anderen Ländern, wir sehen den Aufstand in der deutschen Flotte, der von den Schergen des Henkers Wilhelm niedergeworfen wurde. Und schließlich dürfen wir nicht vergessen, dass wir nicht im tiefen Afrika leben, sondern in Europa, wo alles schnell bekannt wird.

Die Arbeiterbewegung wird die Oberhand gewinnen und dem Frieden und dem Sozialismus den Weg bahnen. *(Lang anhaltender Beifall.)*

Erstmalig veröffentlicht: »Iswestija ZIK« Nr. 208, 27. Oktober [9. November] 1917,

»Prawda« Nr. 171, 28. Oktober [10. November] 1917.

Rede nach dem Text der »Prawda«, Dekret nach dem Text der »Iswestija ZIK«.

Nach: Lenin (1917/1972, S.239–243).

---

lerische Haltung gegenüber dem Kapitalismus eingenommen haben. Daher auch der Wortlaut »schlossen sogar ein Bündnis mit ihnen«.

REGISTER

ANMERKUNGEN

[1]   *Stalinpreis* — nach J.W. Stalin benannte Auszeichnung, die in der Sowjetunion 1941–1954 verliehen wurde. Ende 1939 als höchste zivile Auszeichnung der Sowjetunion für hervorragende Leistungen auf wissenschaftlichem, sozialem, literarischem, künstlerischem oder musikalischem Gebiet vorbereitet.

[2]   *Sowinform* — Sowjetisches Informationsbüro, 1941–1961 bestehende Einrichtung zur Verbreitung von Informationen über den Alltag in der Sowjetunion, ihre Innen- und Außenpolitik und zur Aufklärung über politische Themen.

[3]   *Imperialismus* — höchste und letzte Stufe des Kapitalismus, gekennzeichnet durch die Herrschaft von Monopolen und Finanzkapital, die Exportierung von Kapital statt Waren, und die Aufteilung der Welt unter den kapitalistischen Großmächten. Diese Epoche ist geprägt von der Ausbeutung schwächerer Nationen durch mächtigere kapitalistische Staaten, was zu unvermeidlichen Konflikten und Kriegen führt, da diese Mächte um Einflusssphären und Ressourcen wetteifern.

[4]   Es sei darauf hingewiesen, dass der Autor (der 1955 noch vor dem XX. Parteitag der KPdSU starb) hier die Sowjetunion Lenins und Stalins vor Augen hatte, nicht die Sowjetunion Chruschtschows, Breschnews und

Gorbatschows.

[5] *Red Scare* [Rotes Schreckensgespenst] (erster) — Periode 1919–1920 in den Vereinigten Staaten, in der unter Führung von A. Mitchell Palmer und J. Edgar Hoover eine brutale Zeit illegaler Hausdurchsuchungen und Beschlagnahmungen, illegaler Verhaftungen und Deportationen von Tausenden von Menschen stattfand. Erst als sich der öffentliche Druck gegen Hoover und Palmer wandte, endete der erste Red Scare.

[6] *Cordon Sanitaire* — Ursprünglich ein System von Grenzkontrollen zur Eindämmung von Seuchen. Wörtlich: »Isolationsgebiet«, »Sperrgürtel«, »Pufferzone«. Ab 1919–1920 wurde die »Pufferzone« der »unabhängigen« Staaten zwischen der Sowjetunion und dem westlichen Europa so bezeichnet (baltische Staaten und Polen bis Rumänien). Sollte das westliche Europa vor der Weltrevolution »schützen«.

[7] *Appeasement-Politik / Beschwichtigungspolitik* — Politik der Zugeständnisse. Wird vor allem im Zusammenhang mit der Vorgeschichte des Zweiten Weltkrieges für die Politik der britischen Regierung unter Neville Chamberlain gegenüber dem nazifaschistischen Deutschland ab 1933 verwendet. Als Meilensteine dieser Appeasement-Politik können das deutsch-britische Flottenaufrüstungsabkommen von 1935, die Remilitarisierung des Rheinlandes 1936, die gleichgültige Haltung gegenüber dem Spanischen Bürgerkrieg, der Anschluss Österreichs an Deutschland, das Münchner Abkommen, die Annexion des Sudetenlandes, die Annexion Böhmens und Mährens und die Annexion Klaipėdas (Litauen), alle 1938, genannt werden, bei denen die britische Außenpolitik eine neutrale bis billigende Haltung einnahm.

[8] *Münchner Abkommen* — Abkommen, das Hitler, Chamberlain, Daladier und Mussolini in der Nacht vom 29. auf den 30. September 1938 im Führerbau in München unterzeichneten und zu dessen Gesprächen die Sowjetunion und die mit ihr verbündete Tschechoslowakei

nicht eingeladen waren. Die Westmächte versuchten, die Tschechoslowakei als selbstständigen Staat zu vernichten. Deutschland sollte das Sudetenland, Polen, das Teschener Land und Ungarn, Teile der Südslowakei und der Karpatenukraine erhalten. Es gilt als einer der wichtigsten Meilensteine in der Vorgeschichte des Zweiten Weltkrieges.

[9]   *Anti-Hitler-Koalition* — 1941 im Kampf gegen den Hitlerfaschismus gegründetes Militärbündnis zwischen der Sowjetunion, den USA, Großbritannien, sowie Australien, Belgien, China, Costa Rica, der Dominikanischen Republik, El Salvador, Griechenland, Guatemala, Haiti, Honduras, Indien, Jugoslawien, Kanada, Kuba, Luxemburg, Neuseeland, Nicaragua, den Niederlanden, Norwegen, Panama, Polen, Südafrika, der Tschechoslowakei und den Exilregierungen der von Deutschland besetzten Staaten. Aus der Anti-Hitler-Koalition gingen nach dem Zweiten Weltkrieg die Vereinten Nationen hervor.

[10]   *Kalter Krieg* — 1947–1989 andauernder Konflikt. Anfangs zwischen dem Lager des Imperialismus & der Reaktion auf der einen und dem Lager des Friedens & des Sozialismus auf der anderen Seite, entwickelte sich dieser im weiteren Verlauf zu einem zwischen zwei Supermächten. Winston Churchill verkündete 1948: »It is clear to me now that we have slaughtered the wrong pig [Es ist mir nun klar, dass wir das falsche Schwein geschlachtet haben]«. Vor allem vor 1956 verfolgte die Sowjetunion eine Politik der Entrüstung und der kollektiven Sicherheit. Die USA hingegen bedienten sich von Anfang an militärischer, nachrichtendienstlicher, politischer und wirtschaftlicher Kriegsmethoden. Zum Beispiel in Syrien, Griechenland, Albanien, Korea, Iran, Guatemala, Syrien, Indonesien, Irak, Kuba, Kambodscha, Kongo, Dominikanische Republik, Vietnam, Brasilien, Indonesien, Ghana, Bolivien, Chile, Argentinien, El Salvador, Afghanistan, Angola, Nicaragua und dem Tschad.

[11]   *Koreakrieg* — Brutaler Vernichtungskrieg mit fast 5 Million zivilen Opfern des US-Imperialismus auf der ko-

reanischen Halbinsel 1950–1953, wobei sich dieser auf die faschistische Diktatur Rhee Syng-man's stützte. Die Gegenüberstellung »Norden gegen Süden« ist eine unzutreffende Charakterisierung, da der Konflikt eskalierte, da externe Mächte sich einmischten, nachdem die Koreanische Arbeiterpartei unter Führung Kim Il-sungs unter Unterstützung der Bevölkerung des Landes Bestrebungen unternahm das Land zu vereinigen. Die treffendere Beschreibung würde lauten »Korea gegen die Vereinigten Staaten«. In folgenden exemplarischen Instanzen ermordete die südkoreanische faschistische Diktatur die eigene Zivilbevölkerung—Jeju-Aufstand (1948): 100.000 Tote; Massaker in Bodo (1950): 200.000 Tote; Ganghwa-Massaker (1951): Weitere Tausende.

[12]   *DuPont de Nemours* — US-Amerikanischer Konzern. Einer der größten Chemiekonzerne der Welt. Spielte eine wichtige Rolle im Manhattan-Projekt von 1943, dem Bau und Betrieb der Hanford Plutonium Produktionsanlage in Hanford, Washington. Baute auch das Savannah-River-Kraftwerk in South Carolina, um beim Bau der Wasserstoffbombe zu helfen. Unterhielt einschlägige Beziehungen zu Nazi-Deutschland. Versorgte Nazi-Deutschland mit Patenten, Technologie und materiellen Ressourcen, die für die deutsche Kriegsmaschinerie maßgeblich waren. Unterhielt Geschäftsbeziehungen zu zahlreichen deutschen Unternehmen. Irénée du Pont, damaliger Präsident des Unternehmens, war ein persönlicher Unterstützer Adolf Hitlers, ein fanatischer Anhänger, der ihn seit den 1920er Jahren finanziell stark unterstützte.

[13]   *Nation's Business* — Monatszeitschrift der Handelskammer der Vereinigten Staaten (United States Chamber of Commerce—eine der wichtigsten Institutionen zur Ausübung Festigung der Herrschaft der bürgerlichen Diktatur in den USA) 1912–1999. Die Handelskammer nutzte Nation's Business als Sprachrohr, als wichtigstes Propagandainstrument, um öffentliche Unterstützung für die Politik der US-Regierung zu gewinnen. Dies galt sowohl

für die Außenpolitik als auch für die Unternehmens- und Wirtschaftspolitik. Sie war somit kollektiver Organisator der US-Amerikanischen organisierten Kapitalistenklasse.

[14] *UNO* — United Nations Organization [Organisation der Vereinten Nationen], internationale Organisation (1945 gegründet), die sich der Förderung des Weltfriedens, der Sicherheit und der Zusammenarbeit zwischen den Nationen widmet.

[15] *Kontinentalsperre* — von Napoleon am 21. November 1806 in Berlin über das Vereinigte Königreich und seine Kolonien verhängte Wirtschaftsblockade, die das bereits 1796 in Frankreich eingeführte Einfuhrverbot für britische Waren infolge der militärischen Siege Napoleons auf die europäischen Kolonialstaaten ausdehnte. Die Kontinentalsperre dauerte 1806–1813 und sollte England mit den Mitteln des Wirtschaftskrieges zu Verhandlungen mit Frankreich zwingen. Auf der 6. Generalversammlung der UNO (6. November 1951–5. Februar 1952) forderte Dean Acheson eine wirtschaftliche Blockade der Sowjetunion in Anlehnung an Napoleons Kontinentalsperre.

[16] *Volksdemokratie* — Form der politischen Organisation der Gesellschaft, die historisch durch die große Stärke der Sowjetunion, der kommunistischen Parteien und der Arbeiterbewegungen möglich wurde. Gekennzeichnet durch das Fortbestehen patriotischer (sozialistisch orientierter) Kräfte, die oft noch parlamentarisch vertreten waren (meistens im Rahmen einer *nationalen Einheitsfront*). Als Übergangsform zum Sozialismus anzusehen. In einer Volksdemokratie herrschen noch kapitalistische Produktionsverhältnisse, aber durch eine richtige, prinzipientreue, marxistisch-leninistische Politik kann ein gewaltfreier Übergang zum Sozialismus gewährleistet werden. Dem Inhalt nach eine Diktatur des Proletariats, der Form nach ein anderer Staatstyp als die Sowjetdemokratie. Von der Funktion der jungen Sowjetrepublik in ihren Anfangsjahren ähnlich. In Europa waren die *Volksdemokratien* Diktaturen des Proletariats. Nicht zu verwechseln mit

den *Neuen Demokratien* in Asien nach dem 2. Weltkrieg, die ihrem Wesen nach keine Diktatur des Proletariats, sondern revolutionär-demokratische Diktaturen des Proletariats und der Bauernschaft waren (bürgerliche Staaten mit einer besonders starken Vertretung des Proletariats im Staatsleben).

[17]   Die Weisheit »Man erkennt die Dinge, indem man sie vergleicht« spiegelt einen grundlegenden Ansatz in der Philosophie wider, der sich durch verschiedene Epochen und Kulturen zieht. In der antiken griechischen Philosophie, insbesondere bei Denkern wie Platon und Aristoteles, wird der Vergleich als ein zentrales Werkzeug zur Erkenntnis und zum Verständnis der Welt angesehen. Platon nutzt beispielsweise die Methode der Dialektik, um durch den Vergleich von Ideen zu tieferen Einsichten zu gelangen. Aristoteles wiederum legt Wert auf die Kategorisierung und Unterscheidung von Objekten zur Erkenntnisgewinnung. Im weiteren Verlauf der Philosophiegeschichte finden sich ähnliche Ansätze im Empirismus und Rationalismus, wo Philosophen wie Locke, Hume, Descartes und Kant den Vergleich als Mittel zur Erkenntnis betonen, sei es durch sinnliche Erfahrung oder rationale Überlegungen. Auch in östlichen Philosophien wie dem Konfuzianismus, Buddhismus und Taoismus wird der Vergleich als Instrument der Erkenntnis angesehen, wobei oft die relationale Natur der Dinge betont wird.

[18]   Auf amerikanischer Seite lassen sich Dutzende von Beispielen anführen. Ein Beispiel ist der Propagandafilm »Why Korea« von 1950, der unter der Regie von Reek den brutalen amerikanischen Vernichtungskrieg auf der koreanischen Halbinsel im Kontext des »Kalten Krieges« rechtfertigt. Der Film erhielt einen Oscar. Auch Truman (1947) macht sich der Kriegspropaganda schuldig. Als eklatantes Beispiel für diese Politik bis tief in den Kalten Krieg hinein könnte eine Mitschrift eines Gesprächs mit James R. Schlesinger (1929–2014) (US Department of

State, 1979) zitiert werden:

»Secretary Schlesinger said that with regard to the thought that U.S. forces might be used internally in the Arab world, if that served to deter forces which are contrary to our interests that would be a good result and one to be desired [Minister Schlesinger sagte, dass der Gedanke, dass US-Streitkräfte in der arabischen Welt intern eingesetzt werden könnten, wenn dies der Abschreckung von Kräften dient, die unseren Interessen zuwiderlaufen, ein gutes und wünschenswertes Ergebnis wäre]«.

Wörtlich sagte er: »We must consider the long-term thrust of our policy. We must recognize that the balance of power in the area is unfavorable and perceived to be so…Our actions will have to be unilateral at first. We cannot expect people in the area to stand up and applaud our presence until we have demonstrated our resolve and capability to be there in strength [Wir müssen die langfristige Ausrichtung unserer Politik berücksichtigen. Wir müssen erkennen, dass das Kräfteverhältnis in der Region ungünstig ist und auch so wahrgenommen wird…Unsere Maßnahmen werden zunächst einseitig sein müssen. Wir können nicht erwarten, dass die Menschen in der Region aufstehen und unserer Präsenz Beifall zollen, solange wir nicht unsere Entschlossenheit und unsere Fähigkeit unter Beweis gestellt haben, dort in Stärke präsent zu sein]«.

Jewgeni Tarle sagte zu Recht, dass die sowjetische Wirtschaftsordnung Absatzmärkte überflüssig machte. In der Sowjetunion der 1950er Jahre gab es auch keine profitgierigen Monopolisten, die einen neuen Krieg zur Erschließung neuer Ressourcen riskiert hätten. Ganz im Gegensatz zu den USA, wenn selbst der ehemalige US-Verteidigungsminister attestiert: »Without Middle Eastern oil the Free World as we know it is through [Ohne Öl aus dem Nahen Osten ist die Freie Welt, wie wir sie kennen, am Ende]« und damit ungewollt die objektiven Wurzeln der US-Außenpolitik im »Kalten Krieg« offenlegt. Aber nicht erst seit Kellog & Wayne (1968) spielt

die amerikanische Kriegspropaganda im Kino eine große
Rolle. Der militärische Unterhaltungskomplex, der sich
in den USA 1943 während des Zweiten Weltkriegs unter
dem Dach des OSS (Office of Strategic Services, histori-
scher Vorläufer der CIA) gebildet hatte, entwickelte sich
zu einem milliardenschweren Geheimunternehmen, in
dem das Pentagon bis heute weitreichende Kontrolle über
Hollywood ausübt. Nicht zuletzt wurde die vor den Augen der Öffentlichkeit geheimgehaltene »Operation Mo-
ckingbird« in den 1950er Jahren von der CIA ins Leben
gerufen, um die öffentliche Meinung durch die Lenkung
diverser Nachrichtenagenturen im Interesse der Regierung zu beeinflussen. All dies sind keine haltlosen An-
schuldigungen, sondern gut dokumentierte Tatsachen.

[19] *Stockholmer Appell* — Vom Ständigen Komitee des Weltfriedenskongresses am 19. März 1950 aufgesetzter Aufruf
zum gesetzlichen Verbot der Atomwaffe. Der Appell liest
sich wie folgt:

*»Wir fordern das absolute Verbot der Atomwaffe als einer
Waffe des Schreckens und der Massenvernichtung der
Bevölkerung.*

*Wir fordern die Errichtung einer strengen internationalen
Kontrolle, um die Durchführung des Verbotes zu sichern.*

*Wir sind der Ansicht, dass die Regierung, die als erste die
Atomwaffe gegen irgendein Land benutzt, ein Verbrechen
gegen die Menschheit begeht und als Kriegsverbrecher zu behandeln ist.*

*Wir rufen alle Menschen der Welt, die guten Willens sind,
auf, diesen Appell zu unterzeichnen.«*

Mehr als 500 Millionen Menschen haben den Stockholmer Appell unterzeichnet. Er wurde unterstützt von
der Friedensbewegung, von Kommunist:innen, Pazi-
fist:innen, den sozialistischen und volksdemokratischen
Staaten, vielen Kirchen, demokratischen Volksmassen in
Europa und Asien und namhaften Intellektuellen.
Erster Unterzeichner war Frédéric Joliot-Curie, Ehemann
von Irène Joliot-Curie (wiederum Tochter von Marie und

Pierre Curie), Präsident des französischen Kommissariats für Atomenergie, Nobelpreisträger für die Entdeckung der künstlichen Radioaktivität und Träger des Stalinpreises für den Frieden.

[20] *Weltfriedensrat* — Internationale Organisation, die im November 1950 auf dem Zweiten Weltfriedenskongress in Warschau gegründet wurde, um die friedliche Koexistenz und die nukleare Abrüstung zu fördern. Hatte ihren ersten Sitz in Paris, wurde aber von der französischen Regierung wegen ihrer antikommunistischen Politik ausgewiesen. Übersiedelte 1954 nach Wien. 1957 aus Österreich ausgewiesen. Eröffnete 1968 ihr Hauptquartier in Helsinki. Seit 2000 in Athen. Irène Joliot-Curie (Tochter von Pierre Curie) und Frédéric Joliot-Curie (ihr Ehemann) waren zwei bekannte Mitglieder des Weltfriedensrates.

[21] Da sich insbesondere Chruschtschow in seiner revisionistischen Außenpolitik auf die Rhetorik der ›friedlichen Koexistenz‹ (in angeblicher Kontinuität zu Lenin) stützte, ist es wichtig, die unterschiedlichen Positionen von Lenin (und Stalin) einerseits und Chruschtschow andererseits herauszuarbeiten. Renmin Ribao und Hongqi (1963/1965) stellen Lenins Grundgedanken der Politik der friedlichen Koexistenz klar dar: 1. widerspricht die Existenz eines sozialistischen Staates den Wünschen des Imperialismus, der immer bestrebt sein wird, jede Möglichkeit zu nutzen, den sozialistischen Staat vollständig zu vernichten. 2. musste die Sowjetunion für die Möglichkeit ihrer ›friedlichen Existenz‹ überhaupt kämpfen. In Anlehnung an Lenin wird darauf hingewiesen, dass der Gegner nur dann Frieden schließen wird, wenn er geschwächt wurde—ihm also Schläge versetzt wurden. 3. kann ein sozialistischer Staat trotz unterschiedlicher Gesellschaftsordnungen nicht alle Staaten gleich behandeln. Zu den vom Imperialismus unterdrückten Nationen müssen freundschaftliche Beziehungen aufgebaut werden. Lenin charakterisierte dies treffend als die Not-

wendigkeit, die ›Schwankenden‹ auf die eigene Seite zu
ziehen. 4. bleiben der proletarische Internationalismus
und die Unterstützung der internationalen Klassenkämp-
fe das grundlegendste Prinzip der Außenpolitik eines sozialistischen Staates; die friedliche Koexistenz von Staaten
mit unterschiedlichen Gesellschaftssystemen, die sich aus
dem Kräfteverhältnis in der Welt ergibt, ist nur ein Merk-
mal dieser Politik, aber niemals ihr gesamter Inhalt. 5. gilt
die Beschreibung der friedlichen Koexistenz ausdrücklich
nicht für das Verhältnis der unterdrückten Klassen zu
ihren unterdrückenden Klassen und der unterdrückten
Nationen zu den sie unterdrückenden Nationen. In Kontinuität zu Lenin erklärte Stalin, dass man entweder eine
revolutionäre Politik betreiben oder dem internationalen
Kapital prinzipienlose Zugeständnisse machen könne. Am
Beispiel der Unterstützung der nationalen Befreiungsbe-
wegungen im ›globalen Süden‹ erläuterte Stalin, dass die
Vereinigten Staaten von der Sowjetunion forderten, ihre
materielle, politische und ideologische Unterstützung für
diese Bewegungen aufzugeben. Stalin erwiderte, dass die
Sowjetunion nicht auf diese Zugeständnisse eingehen
könne, ohne sich selbst zu verraten. *Im Gegensatz dazu*
verschob sich in der sowjetischen Außenpolitik unter
Chruschtschow die Priorisierung der Prinzipien: 1. wurde die ›friedliche Koexistenz‹ zum neuen kategorischen
Imperativ der sowjetischen Außenpolitik und verdrängte
somit den proletarischen Internationalismus als oberste
Leitlinie. 2. schätzte die KPdSU die Imperialisten fort-
an als ›friedenswillig‹ ein, wohingegen Lenin und Stalin
erkannten, dass sie nur in eine Position der Akzeptanz
des Friedens gezwungen werden *können*. 3. befürworte-
te die KPdSU die internationale ökonomische *allseitige*
Kooperation mit den Vereinigten Staaten, was auch die
Ausbeutung der Dritten Welt einschloss. 4. weitete sich
die »friedliche Koexistenz« auf die Leitlinie der Politik
der Kommunistischen Parteien gegenüber den Ausbeu-
terklassen aus. 5. weiteten sie die »friedliche Koexistenz

auf national unterdrückte und national unterdrückende
Staaten untereinander aus. 6. sahen sie, um im Einklang
mit dem kategorischen Imperativ der »friedlichen Koexistenz« handeln zu können, eine Notwendigkeit auf
alle revolutionären Formen des gewaltsamen Kampfes
zu verzichten und stattdessen nach Methoden des »friedlichen Übergangs« vom Kapitalismus zum Sozialismus
Ausschau zu halten. Man ging davon aus, dass man nur
die Überlegenheit des sozialistischen Systems beweisen
bräuchte, wodurch die Kapitalisten freiwillig zum Kommunismus übergehen würden. Auf den Punkt gebracht
war die Leninsche Politik der »friedlichen Koexistenz«
auf die Außenpolitik für die Regelung von Beziehungen mit Staaten unterschiedlicher Gesellschaftsordnung
bestimmt, während die Chruschtschowsche Politik der
»friedlichen Koexistenz« auf die elementaren Grundsätze
aller Aspekte des gesellschaftlichen Lebens bezogen war.
Revisionisten wie Earl Browder (1934–1945 Vorsitzender der KPdUSA), nahmen Chruschtschows Theorie der
»friedenswilligen« imperialistischen Staaten bereits am
Ende des 2. Weltkrieges vorweg, indem sie offen pro-
pagierten, die USA mit dem kapitalistischen Lager und
die UdSSR seien durch den gemeinsamen Kampf gegen
den Hitlerfaschismus derart verbunden worden, dass ein
Kampf zwischen dem Sozialismus und dem Kapitalismus
nicht mehr möglich und auch nicht mehr nötig sei.

[22]   IML (1972): Der *II. Gesamtrussische Kongress der Sowjets der Arbeiter- und Soldatendeputierten* fand vom 25.
bis 26. Oktober [7. bis 8. November] 1917 in Petrograd
im Smolny statt. Zur Eröffnung des Kongresses um 10
Uhr 40 abends waren 649 Delegierte anwesend, davon
390 Bolschewiki, 160 Sozialrevolutionäre, 72 Menschewiki, 14 internationalistische Menschewiki. Lenin
nahm an der ersten Sitzung des Kongresses nicht teil, da
er den Aufstand leitete. Die Führer des rechten Flügels
der Menschewiki und der Sozialrevolutionäre forderten,
Verhandlungen mit der Provisorischen Regierung über

die Schaffung einer Koalitionsregierung aufzunehmen, und bezeichneten die im Gange befindliche sozialistische Revolution als Verschwörung. Nachdem sie sich davon überzeugen mussten, dass die Mehrheit des Kongresses die Bolschewiki unterstützte, verließen die Menschewiki, Sozialrevolutionäre und Bundisten den Kongress. Am 26. Oktober [8. November], gegen 4 Uhr morgens, wurde auf dem Kongress mitgeteilt, dass der Winterpalast eingenommen und die Provisorische Regierung verhaftet worden ist. Der Sowjetkongress nahm den von Lenin verfassten Aufruf »An die Arbeiter, Soldaten und Bauern!« an, in dem der Übergang der Macht an die Sowjets der Arbeiter-, Soldaten- und Bauerndeputierten proklamiert wurde. Die zweite Sitzung des Kongresses begann am 26. Oktober [8. November] um 9 Uhr abends. Die Reden über die Fragen des Friedens und des Grund und Bodens hielt Lenin. Der Kongress nahm die von Lenin verfassten historischen Dekrete über den Frieden und über den Grund und Boden an. Der Kongress bildete eine Arbeiter- und Bauernregierung—den Rat der Volkskommissare mit W.I. Lenin an der Spitze. Die linken Sozialrevolutionäre lehnten die Teilnahme an der Sowjetregierung ab.

[23] *Telegraf* — Kommunikationsgerät, das zum Senden von Nachrichten über große Entfernungen durch die Übertragung von elektrischen Signalen entlang eines Drahtes verwendet wird.

[24] IML (1988): *Chartisten* — Vertreter der revolutionären, aber nicht sozialistischen Bewegung der englischen Arbeiter, die ihren Höhepunkt in den Jahren 1836 bis 1848 hatte und nahezu 40.000 Mitglieder umfasste. Die Chartisten kämpften für die Verwirklichung der People's Charter (Volkscharte), die am 8. Mai 1838 als Gesetzentwurf veröffentlicht wurde und deren Forderungen auf eine Demokratisierung der staatlichen Ordnung Englands gerichtet waren. Sie lauteten: 1. allgemeines Wahlrecht (für Männer über 21 Jahre), 2. jährliche Parlamentswahlen, 3. geheime Abstimmung, 4. Ausgleichung

der Wahlkreise, 5. Abschaffung des Vermögenszensus für die Kandidaten zu den Parlamentswahlen, 6. Diäten für die Parlamentsmitglieder. Drei Petitionen der Chartisten, die die Annahme der Volkscharte forderten, wurden dem Parlament vorgelegt und von diesem 1839, 1842 und 1849 abgelehnt. Mit dem wirtschaftlichen Aufschwung und der stärker werdenden Gewerkschaftsbewegung in der zweiten Hälfte der fünfziger Jahre wurde dem Chartismus allmählich der Boden entzogen.

[25] *Aufruf des Petrograder Sowjets an die Völker der Welt* — Politisches Manifest der Bolschewiki vom 1. [14.] März 1917. In diesem Aufruf appelliert der Petrograder Sowjet an die Völker der deutsch-österreichischen Koalition, die unter dem Vorwand des Kampfes gegen den »asiatischen Despotismus« in einen verheerenden Krieg hineingezogen wurden, sich ebenfalls von der Unterdrückung durch die halbautokratische Herrschaft zu befreien, so wie das russische Volk die Last der zaristischen Unterdrückung abschüttelte, indem es sich weigerte, ein Instrument der Eroberung und Gewalt in den Händen von Königen, Großgrundbesitzern und Bankiers zu sein, und mit vereinten Kräften das furchtbare Gemetzel des Ersten Weltkrieges aufhielt.

LITERATURVERZEICHNIS

Chwostow, W.M., Potjomkin, W.P., & Minz, I.I. (1948a). *Geschichte der Diplomatie: Die Diplomatie der Neuzeit (1872–1919)* (2.Aufl, Bd.2). SWA.

Chwostow, W.M., Potjomkin, W.P., & Minz, I.I. (1948b). *Geschichte der Diplomatie: Die Diplomatie in der Periode der Vorbereitung des Zweiten Weltkrieges (1919–1939)* (2.Aufl, Bd.3.1). SWA.

Chwostow, W.M., Potjomkin, W.P., & Minz, I.I. (1948c). *Geschichte der Diplomatie: Die Diplomatie in der Periode der Vorbereitung des Zweiten Weltkrieges (1919–1939)* (2.Aufl, Bd.3.2). SWA.

Kellogg, R., & Wayne, J. (Regisseure). (1968, 19. Juni). *The Green Berets* [Die grünen Teufel]. Warner Bros.

Lenin, W.I. (1961). VII. Gesamtrussischer Sowjetkongress, 5.–9. Dezember 1919. In Institut für Marxismus-Leninismus beim ZK der SED (Hrsg.), *Lenin-Werke* (Bd.30, S.193–241). Dietz. (Original veröffentlicht 1919)

Lenin, W.I. (1972). Zweiter gesamtrussischer Kongress der Sowjets der Arbeiter- und Soldatendeputierten, 25.–26. Oktober (7.–8. November) 1917. In Institut für Marxismus-Leninismus beim ZK der SED (Hrsg.), *Lenin-Werke* (Bd.26, S.233–255). Dietz. (Original veröffentlicht 1917)

Molotow, W.M. (1947). *Der Kampf für einen demokratischen Frieden: Reden auf der Pariser Friedenskonferenz 1946.* SWA.

Molotow, W.M. (1948). *Über den Friedensvertrag mit Deutschland.* SWA.

Molotow, W.M. (1954). *Deutschland wird vereinigt werden!* SWA.

Phillips, K. (2018, 17. Juli). ›He is honest — but smart as hell‹: When Truman met Stalin. *Washington Post*. https://www.washingtonpost.com/news/retropolis/wp/2018/07/17/he-is-honest-but-smart-as-hell-when-truman-met-stalin/

Renmin Ribao & Hongqi. (1965). Zwei völlig entgegengesetzte Arten der Politik der friedlichen Koexistenz: Sechster Kommentar zum Offenen Brief des ZK der KPdSU. In *Die Polemik über die Generallinie der internationalen kommunistischen Bewegung* (S.287–335). Verlag für fremdsprachige Literatur. (Original veröffentlicht 1963)

Reek, E. (Regisseur). (1951). *Why Korea?* [Warum Korea?].

RIA Novosti. (2021). *Über die Agentur*. https://web.archive.org/web/20090311013110/http://de.rian.ru:80/static/about

Stalin, J.W. (1979). Befehl des Volkskommissars für Verteidigung Nr. 55. In Zentralkomittee der KPD/ML (Hrsg.), *Stalin-Werke* (Bd.14, S.262–268). Roter Morgen. (Original veröffentlicht 1942)

Stalin, J.W. (1979). Unterredung mit dem amerikanischen republikanischen Präsidentschaftskandidaten Harald Stassen: Protokoll der Unterredung. In Zentralkomittee der KPD/ML (Hrsg.), *Stalin-Werke* (Bd.15, S.107–122). Roter Morgen. (Original veröffentlicht 1947)

Tarle, J. (1952). *Warum kämpft die Sowjetunion für den Frieden?* Sowjetischer Informationsdienst.

Truman, H.S. (1947, 12. März). *Special Message to the Congress on Greece and Turkey* [Sonderbotschaft an den Kongress über Griechenland und die Türkei]. https://teachingamericanhistory.org/document/special-message-to-the-congress-on-greece-and-turkey-the-truman-doctrine/

US Department of State (Hrsg.). (1979). *Foreign Relations of the United States, 1977–1980, Volume XVIII, Middle East Region; Arabian Peninsula, Document 26* [Außenbeziehungen der Vereinigten Staaten, 1977–1980, Band XVIII, Region Naher Osten; Arabische Halbinsel, Dokument 26]. U.S. Government Printing Office. https://history.state.gov/historicaldocuments/frus1977–80v18/d26

Verhovnyj Sovet SSSR. (1957). Zakon »O zaŝite mira« [Gesetz »Über den Schutz des Friedens«]. In D.S. Karev (Hrsg.), *Ugolovnoe Zakonodatel‹stvo SSSR I Soûznyh Respublik: Sbornik (Osnovnye Zakonodatel'nye Akty)* (S.29). Gosudarstvennoe izdatel'stvo ûridičeskoj literatury. (Original veröffentlicht 1951)

PERSONENVERZEICHNIS

Acheson, Dean (1893–1971) —
US-amerikanischer Politiker,
Außenminister der Vereinigten Staaten (1949–1953).
Entwarf die Grundzüge der
»Truman-Doktrin«. Verfolgte
eine äußerst feindselige Politik gegenüber der UdSSR.
Schlug auf der 6. UN-Vollver-
sammlung eine Wirtschaftsblockade der Sowjetunion
(nach dem Vorbild der napoleonischen Kontinentalsperre
gegen Großbritannien) vor.

Bonaparte, Napoleon (1769–
1821) — aus Korsika stam-
mender General der Ersten
Republik, erster Konsul
Frankreichs und Kaiser der
Franzosen (1804–1814 und
kurz 1815). Beherrschte große Teile Kontinentaleuropas.
Erlitt im Russlandfeldzug
ab 1812 eine katastrophale
Niederlage, die zu den Be-
freiungskriegen führte.

Chruschtschow, Nikita (1894–
1971) — Erster Sekretär
der KPdSU (1953–1964).
Leitete unter dem Vorwand
der »Entstalinisierung« die
ideologische Vorbereitung
der späteren wirtschaftslibe-
ralen Liberman-Reformen
ein. Erklärte die Politik der
»friedlichen Koexistenz« zum
kategorischen Imperativ der
kommunistischen Parteien
und Staatspolitik.

Clemenceau, Georges (1841–
1929) — Führer der linksbür-
gerlichen »Parti radical [ra-
dikale Partei]«, französischer
Ministerpräsident (1906–
1909 & 1917–1920). For-
derte eine »harte Politik«
gegenüber Deutschland und
versuchte im Friedensvertrag

von Versailles, Deutschland den größtmöglichen wirtschaftlichen Schaden zuzufügen. Überzeugter Antikommunist.

George, David Lloyd (1863–1945) — britischer Politiker schottischer Abstammung, Premierminister (1916–1922). Führte Großbritannien in den imperialistischen Ersten Weltkrieg und machte die Zerstörung des Osmanischen Reiches zu einem der Hauptziele der Briten. Unterwarf den Nahen und Mittleren Osten der britischen Kolonialherrschaft und ist damit maßgeblich für die heutigen Konflikte in der Levante verantwortlich. War ein großer Befürworter von Nazi-Deutschland. Entschiedener Anhänger Adolf Hitlers, den er als den »größten lebenden Deutschen« bezeichnete.

Guderian, Heinz (1888–1954) — deutscher Heeresoffizier (ab 1940 Generaloberst, zweithöchster militärischer Dienstgrad in der Wehrmacht) & Kommandeur von Panzerverbänden im Zweiten Weltkrieg. Nach dem Zweiten Weltkrieg Revanchist. Wurde durch das US-Verteidigungsministerium, welches seine Auslieferung an die Sowjetunion verweigerte, als Propagandist für den Transatlantizismus eingestellt.

Hitler, Adolf (1889–1945) — deutscher Politiker österreichischer Abstammung, ab 1921 Vorsitzender der Nationalsozialistischen Deutschen Arbeiterpartei (NSDAP) und Diktator des Deutschen Reiches (1933–1945). Verübte zahlreiche Massenverbrechen und Völkermorde. Größter Verbrecher der Menschheitsgeschichte. Starb am 30. April 1945 durch Suizid im Bunker der Reichskanzlei.

Hoover, John Edgar (1895–1972) — Leiter des Bureau of Investigation (BOI) (1924–1935) erster Direktor des umbenannten Federal Bureau of Investigation (FBI, 1935–1972). Hoover baute das FBI zu einer Organisation mit starkem Fokus auf antikommunistische Aktivitäten aus. Er etablierte COINTELPRO, ein Programm zur Massenüberwachung der Bevölkerung. Entschiedener Gegner der rechtlichen Gleichstellung der Afroamerikaner:innen.

Lenin, Wladimir I. (Uljanow) (1870–1924) — bedeutender Fortführer des wissenschaftlichen Sozialismus durch die Anwendung des Marxismus auf die Ära des Imperialismus. Führte ab 1903 die Bolschewiki an, Vorsitzender des Rats des Volkskommissare der Sowjetunion (1923–1924).

Moore-Brabazon, John (1884–1964) — britischer konservativer Politiker und Rennfahrer. Während des Zweiten Weltkriegs britischer Verkehrsminister (1940–1941) und Minister für Flugzeugproduktion (1941–1942). Mitglied des Oberhauses (1942–1964). Wegen seiner öffentlich geäußerten Hoffnung, die Sowjetunion und Nazi-Deutschland würden sich gegenseitig vernichten, wurde er unter öffentlichem Druck seines Amtes enthoben.

Mussolini, Benito (1883–1945) — italienischer faschistischer Politiker, Ministerpräsident des Königreichs Italien (1922–1943), als »Duce del fascismo [Führer des Faschismus]« bekannt, ab 1925 Diktator an der Spitze des faschistischen Regimes in Italien. Chefredakteur der Sozialistischen Partei Italiens (PSI, 1912–1914), 1914 wegen nationalistischer Positionen entlassen. An einer Straßensperre zwischen Musso und Dongo am Comer See wurde sein Konvoi am 27. April 1945 von kommunistischen Partisanen angehalten und er erschossen. Die Leichen von Mussolini, Petacci, Bombacci, Pavolini und einigen anderen wurden nach Mailand gebracht, wo sie am 29. April auf der Piazzale Loreto kopfüber am Dach einer Tankstelle aufgehängt wurden.

Palmer, A. Mitchell (1872–1936) — US-amerikanischer Rechtsanwalt und Politiker. Organisierte verfassungs- und gesetzeswidrige Hausdurchsuchungen, Verhaftungen und Deportationen von linken Aktivist:innen. Überzeugter Antikommunist. Organisierte den ersten »Red Scare«. 1920 wegen mangelnder öffentlicher Unterstützung abgesetzt.

Rockefeller, John D. (1839–1937) — amerikanischer Großindustrieller. Gründete 1870 die Standard Oil Co., die 1911 per Gerichtsbeschluss in 34 Gesellschaften aufgeteilt werden musste. Sein persönliches Vermögen betrug rund 900 Millionen Dollar (ungefähr 2% der damaligen BIPs der Vereinigten Staaten). Reichster Mensch der modernen Weltgeschichte.

Stalin, Josef W. (Dschughaschwili) (1878–1953) — Begründer des Marxismus-Leninismus, Marshall der Streitkräfte der UdSSR und Architekt des Sozialismus in einem Lande. 1922–1952 Generalsekretär der KPdSU(B).

Stassen, Harold (1907–2001) — US-amerikanischer Politiker der Republikanischen Partei. 25. Gouverneur von Minnesota (1939–1943). Treffen mit J.W. Stalin am 9. April 1947. Präsident der Universität von Pennsylvania (1948–1953). 1955 von Dwight D. Eisenhower zum Mitglied der Abrüstungskommission ernannt. 1957 Verhandlungsführer bei der Abrüstungskonferenz in London. Teil der amerikanischen Bürgerrechtsbewegung der 1960er Jahre. Teilnahme am Marsch auf Washington für Arbeit und Freiheit 1963.

Tarle, Jewgeni (1874–1955) — ukrainisch-jüdischer sowjetischer Historiker. Mitglied der Akademie der Wissenschaften der UdSSR und mehrfacher Stalinpreisträger. Professor an den Universitäten von St. Petersburg und Moskau. Bekannt für seine Werke über Napoleons Russlandfeldzug und den Krimkrieg. Mitbegründer des Moskauer Staatlichen Instituts für Internationale Beziehungen. Aktiver Teilnehmer der sowjetischen Friedensbewegung und Autor von über 200 Werken. Verstarb 1955 und hinterließ ein umfangreiches literarisches Erbe.

Truman, Harry S. (1884–1972) — 33. Präsident der Vereinigten Staaten von Amerika. Seine Präsidentschaft (1945–1953) fiel in die Zeit des beginnenden Kalten Krieges und war geprägt von aggressiven außenpolitischen Entscheidungen wie dem Abwurf der Atombomben auf Hiroshima und Nagasaki. Initiator des Marshall-Plans und der Truman-Doktrin. Sein Eintritt in den Koreakrieg spiegelt den Versuch wider, die Ausbreitung des Sozialismus in Asien zu unterdrücken. Gründer der CIA.

Wilson, Woodrow (1856–1924) — 28. Präsident der Vereinigten Staaten (1913–1921). Führte die USA in den Ersten Weltkrieg und war maßgeblich an der Gründung des Völkerbundes beteiligt.

Bekannt für seine ›14 Punkte‹, einem Programm für die Nachkriegsordnung nach dem Ersten Weltkrieg. Seine Präsidentschaft wurde durch die Politik der Rassentrennung geprägt.

GLOSSAR

Annexion — gewaltsame und widerrechtliche Aneignung fremden Gebiets.

Appell — Aufforderung zum Handeln oder Nichthandeln.

Bastion — Schutzbau gegen Feinde, Befestigungsanlage.

Emsig — (oft ironisch) unermüdlich und mit großem Fleiß und Eifer am Werk.

Joch — Unterdrückung oder besonders schwere Bürde.

Konterrevolution — Gegenbewegung zur Revolution.

Quantitativ — Begriff aus der Forschung und Statistik, der sich auf die messbare, in Zahlen ausdrückbare Eigenschaft oder Menge bezieht, im Gegensatz zu qualitativen, beschreibenden Merkmalen.

Unterpfand — Pfand dafür, dass etwas anderes besteht, oder Gültigkeit hat.

Verkehrswesen — Bereich, der sich mit der Planung, Organisation, Steuerung und Überwachung des Transportwesens von Personen und Gütern auf verschiedenen Verkehrswegen befasst.

Vertiert — »tierisch«, oder »bestialisch«.

ZK — Zentralkomitee, höchstes Parteigremium einer kommunistischen Partei zwischen zwei Parteitagen.

INDEX

A

B

C

D

E

England   29, 38.
Europa   13, 36, 41.

F

Faschismus   IX, 4, 9, 11, 12, 13, 14.
Frankreich   XII, 4, 29.
Friedensbewegung   XII, XV, 27.
Friedenspakt zwischen den fünf Großmächten   29.

G

Gesetz zum Schutz des Friedens   28.
Guderian, Heinz   22.

H

Hitler, Adolf   11, 12, 13.

I

Imperialismus   3, 11, 16, 17, 18, 23.
Italien   9, 23.

K

Kalter Krieg   16.
Klassen   17, 35, 36.
kollektive Sicherheit   8.
Konferenz von Genua   8.
Korea   17, 18, 22.
Kriegsführung, barbarische Formen der   8.
Kriegsgefahr   9.

Kyrillisch		Transliteration (ISO 9)		Lautschrift (IPA)	Umschreibung (Deutsch)	
Groß	Klein	Groß	Klein		Groß	Klein
А	а	A	a	a	A	a
Б	б	B	b	b	B	b
В	в	V	v	v	W	w
Г	г	G	g	g	G	g (w)
Д	д	D	d	d	D	d
Е	е	E	e	$^{j}\varepsilon$/jε	E (Je)	e (je)
Ё	ё	Ë	ë	^{j}ɔ/jɔ	Jo (O)	jo (o)
Ж	ж	Ž	ž	ʒ	Sch (Sh)	sch (sh)
З	з	Z	z	z	S	s
И	и	I	i	^{j}i/i/ji	I	i
Й	й	J	j	j	I (–/J)	i (–/j)
К	к	K	k	k	K	k
Л	л	L	l	l	L	l
М	м	M	m	m	M	m
Н	н	N	n	n	N	n
О	о	O	o	ɔ	O	o
П	п	P	p	p	P	p
Р	р	R	r	r	R	r
С	с	S	s	s	S	s (ss)
Т	т	T	t	t	T	t
У	у	U	u	u	U	u

Hilfestellung für die Transliteration nach ISO 9						
Kyrillisch		Transliteration (ISO 9)		Laut-schrift (IPA)	Umschreibung (Deutsch)	
Groß	Klein	Groß	Klein		Groß	Klein
Ф	ф	F	f	f	F	f
Х	х	H	h	x	Ch	ch
Ц	ц	C	c	ts	Z	z
Ч	ч	Č	č	ʃ	Tsch	tsch
Ш	ш	Š	š	ʃ	Sch	sch
Щ	щ	Ŝ	ŝ	ʃ:	Schtsch	schtsch
Ъ	ъ	"			(–)	(–)
Ы	ы	Y	y	ɨ	Y	y
Ь	ь	'		ʲ	(–/J)	(–/j)
Э	э	È	è	ɛ	E	e
Ю	ю	Û	û	ʲu/ju	Ju	ju
Я	я	Â	â	ʲa/ja	Ja	ja
№		#			Nr.	

Hat dir das Buch gefallen?
Gibt es Dinge, die dich gestört haben?
Hast du vielleicht Literaturwünsche?

Schreib uns doch gerne eine E-Mail unter:

kontakt@fortschrittsverlag.de

Wir freuen uns über dein Feedback!